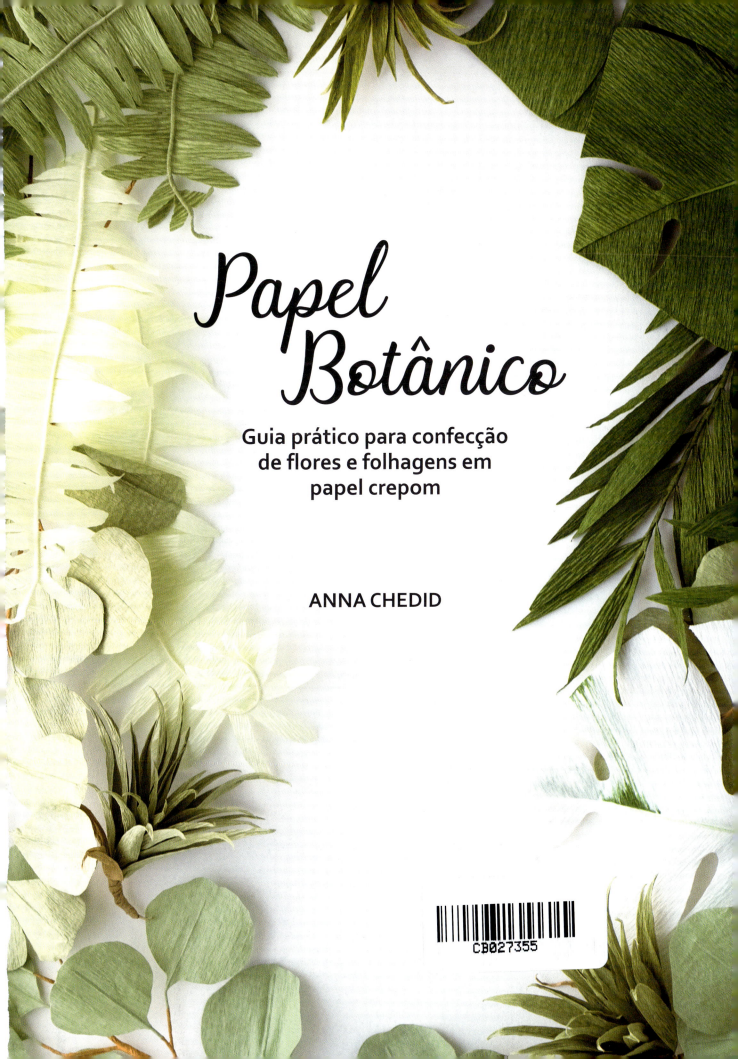

Presidente da Fecomércio-CE
e dos Conselhos Regionais do Sesc e Senac CE
Luiz Gastão Bittencourt da Silva

Diretora do Departamento Regional do Senac
Ana Cláudia Martins Maia Alencar

Diretor de Educação Profissional do Senac
Gustavo Henrique Escobar Guimarães

Diretora Administrativa Sesc e Senac
Marlea Nobre da Costa Maciel

Diretor Financeiro Sesc e Senac
Gilberto Barroso da Frota

CONSELHO EDITORIAL

Ana Cláudia Martins Maia Alencar
Gustavo Henrique Escobar Guimarães
Denise de Castro
Gilberto Barroso da Frota
Marlea Nobre da Costa Maciel

EDITORA SENAC CE

Gerente de Produção Editorial
Denise de Castro

Projeto gráfico e diagramação
Denise de Castro

Finalização
Kelson Moreira

Revisão
Ednardo Gadelha

Fotos
Anna Chedid

© Senac Ceará 2021
Editora Senac Ceará
Rua Pereira Filgueiras, 1070
CEP 60160-194 Fortaleza – CE
editora@ce.senac.br
www.ce.senac.br

Direitos reservados ao Serviço Nacional de Aprendizagem Comercial – Senac/AR/CE – Departamento Regional do Ceará

Todos os direitos reservados. Nenhuma parte deste livro pode ser reproduzida ou transmitida de forma alguma ou por meio algum, eletrônico ou mecânico, incluindo fotocópias, gravações ou por qualquer sistema de armazenagem e consulta de informações, sem a permissão, por escrito, da Editora.

Dados Internacionais de Catalogação na Publicação (CIP)
Bibliotecária **Katiúscia de Sousa Dias** CRB 3/993

C514p   Chedid, Anna.

         Papel botânico: guia prático para confecção de flores e folhagens em papel crepom. / Texto e ilustrações Anna Chedid. Fortaleza: Senac Ceará, 2021.

         268 p. il. color.

         ISBN: 978-65-990424-2-3

         1. Flores de papel. 2. Trabalhos em papel. 3. Arte decorativa. 4. Artesanato. I. Chedid, Anna. II. Título.

                                         CDD 745.59

Papel Botânico

Guia prático para confecção
de flores e folhagens em
papel crepom

ANNA CHEDID

SENAC CE – FORTALEZA

2021

CONTEÚDO

11 INTRODUÇÃO

15 PARTE I
Ferramentas, materiais e técnicas

45 PARTE II
Flores e folhagens

46 Buganvília
52 Caliandra
58 Copo-de-leite
64 Costela-de-adão
70 Crisântemo
76 Eucalipto
82 Girassol
90 Helicônia
96 Hibisco
104 Hortênsia
110 Ipê
116 Jacarandá
124 Maranta
130 Orquídea
142 Oxalis
146 Palmeirinha
150 Peônia
158 Perpétua
164 Protea
174 Rosa
182 Samambaia
186 Sapucaia
192 Tillândsia
198 Vitória-régia

207 PARTE III
Projetos

208 Arranjos

208 Arranjo Elementar – *Somente o essencial*

211 Arranjo Tropical – *Um clássico revisitado*

213 Arranjo em Cores Análogas – *Para trazer alegria*

214 Buquês

214 Buquê Despojado – *Quando uma flor é o suficiente*

217 Buquê Lírico – *Romântico na medida*

219 Buquê Monocromático – *Uma combinação infalível*

221 Coroa de Flores – *Delicadeza para adornar*

223 Enfeite de Lapela – *Um detalhe delicado*

225 Folhagens em Vaso – *Um toque verde*

228 Bola de Musgo – *Arte em forma de planta*

231 Terrário – *Para contemplar*

233 Porta-guardanapos Botânico – *Para receber com carinho*

235 Moldes

264 Referências

265 Agradecimentos

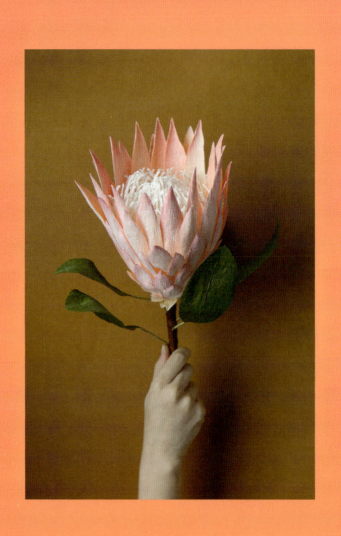

INTRODUÇÃO

**FLORES DE PAPEL SÃO UMA DAS MAIS BELAS E ANTIGAS FORMAS DE EXPRESSÃO ARTÍSTICA DO MUNDO MODERNO.
OS PRIMEIROS REGISTROS DE FLORES DE PAPEL PROVÊM DA ÁSIA, SENDO A CHINA E O JAPÃO PAÍSES COM GRANDE CONTRIBUIÇÃO NESSA ÁREA.
A ARTE DE RECRIAR FORMAS FLORAIS EM PAPEL DISSIPOU-SE PELO MUNDO, POSSIVELMENTE ATRAVÉS DA ROTA DA SEDA, POR ONDE CHEGOU À ÍNDIA E POSTERIORMENTE À EUROPA.**

Existem registros de que a civilização maia já confeccionava flores de papel para fins religiosos já antes da chegada dos espanhóis às Américas. Após a invasão espanhola, um tipo de papel mais delicado foi introduzido e contribuiu para o que hoje é conhecido como flores de papel mexicanas, coloridas em tons vibrantes. Avançando um pouco no tempo, durante o período vitoriano na Inglaterra, produtores de papel de seda passaram a confeccionar papel crepom para fins artísticos, o que contribuiu muito para a estética de flores de papel como as conhecemos atualmente.

No final do século XIX, espécimes botânicos em papel com aspecto mais realista começaram a surgir na Europa e nos Estados Unidos, tornando-se uma atividade artesanal popular e com larga aplicação em decorações e acessórios. Foi uma empresa estadunidense produtora desse tipo de papel a grande responsável pela popularização das flores de crepom no continente americano. Além de produzir um papel de qualidade, também publicava pequenos livretos com tutoriais para utilização do crepom, ensinando a confeccionar desde decorações para festas, peças de teatro e vitrines, acessórios para casamentos e arranjos florais.

Na Europa, uma empresa italiana tornou-se conhecida em especial pela fabricação do papel crepom 180 g, ou crepom florista. Este, originalmente criado para embalar flores naturais, caiu no gosto de artesãos e hoje é um dos mais utilizados na confecção de flores de papel.

Flores artificiais, ou permanentes, evoluíram muito ao longo dos anos. Novas técnicas e papéis surgiram desde então. Com a evolução da tecnologia e ampla divulgação pela Internet, a arte de criar flores de papel espalhou-se por todos os continentes.

Podemos atribuir o sucesso das flores de papel na última década a um específico desfile de moda de uma famosa marca francesa ocorrido em 2009, com todo o cenário recoberto por flores e folhagens em papel branco. Blogs e mídias sociais também tiveram atuação crucial para a popularização dessas flores nas decorações de festas, vitrines de lojas, acessórios pessoais, entre outros. Artistas, artesãos e designers ficaram conhecidos mundialmente pelos seus trabalhos incríveis feitos com papel, muitos tutoriais e cursos online surgiram. E, claro, livros sobre o assunto, com técnicas diversas, foram lançados nos últimos anos.

Papel é, sem dúvida, um material muito versátil, mas o crepom tem uma particularidade que permite ir além com as criações artísticas. Ele possui uma elasticidade que não se encontra em nenhum outro papel. Isso possibilita a criação de formas e texturas com mais liberdade. Pode ser um material com aparência frágil, porém é muito resiliente.

As informações e técnicas contidas neste livro exploram ao máximo essa característica do papel crepom. Você irá cortar, esticar, amassar, colar, tingir, descolorir, entre outras práticas. A intenção é promover o material e todas as possibilidades criativas que ele proporciona.

As explicações e tutoriais são uma compilação de informações coletadas ao longo de anos de estudos, experimentações, contribuições de outros artesãos e adaptações de técnicas antigas. Aproveite!

Anna Chedid

PARTE I

Ferramentas, materiais e técnicas

Para começar é importante explorar e conhecer os materiais com os quais você trabalhará: papel crepom, colas, arames de espessuras variadas, materiais para colorir e descolorir os papéis, tesouras, alicates etc.

A lista a seguir contém itens básicos e necessários para a confecção dos projetos contidos neste livro, mas fique à vontade para adicionar novos materiais se houver necessidade. Investir em materiais e ferramentas de qualidade é importante para que os resultados sejam significativamente mais satisfatórios. Mas lembre-se de que nem sempre qualidade está diretamente ligada a um valor alto, portanto pesquise e compre o que realmente irá necessitar. Saiba adequar ao seu orçamento, teste os materiais até encontrar o que realmente funciona para você.

FERRAMENTAS

Alicate de corte
Um alicate de corte de qualidade é essencial para cortar os arames que serão a base interna das flores, suporte para folhagens, entre outros. Procure uma ferramenta que se alinhe com as suas necessidades, seja confortável para usar e corte sem muito esforço físico.

Alicate de ponta fina
Também o alicate de ponta fina deve ser uma ferramenta de qualidade e confortável de utilizar.

Borracha
Uma borracha macia, pode ser do tipo escolar, é muito útil para se ter à mão. Você irá copiar moldes e futuramente criar os próprios. Se errar ou quiser acertar o molde antes de cortar, a borracha irá servir.

Caneta esferográfica
Uma caneta esferográfica é útil para passar os moldes a limpo e ter um molde definitivo de qualidade.

Clipe de prender papel
Clipes de prender papel são ferramentas úteis para manter os moldes organizados e evitar perdas. Clipes são importantes para manter os moldes no lugar enquanto cortamos o papel.

Cotonetes e algodão
Esses são úteis para aplicação de coloração e limpeza do material e estação de trabalho. Caso prefira, um palito de madeira ou bambu pode ser utilizado com um pedaço de algodão enrolado na extremidade.

Dobradeira para encadernação
Uma dobradeira de osso de qualidade é um instrumento essencial para laminar folhas de papel crepom e também para fazer marcações nas pétalas e folhagens. É uma ferramenta facilmente encontrada em lojas de materiais de arte e algumas papelarias. A minha preferida é a de osso, porém existem dobradeiras de outros materiais.

Lápis ou lapiseira
Um lápis ou lapiseira com mina de grafite macia é muito útil para copiar e criar moldes.

Palito de madeira ou bambu
Palitos de madeira ou bambu são úteis de diversas formas, para moldar pétalas, para separar franjados, para aplicar cola em pontos específicos. Tenha sempre um disponível.

Pincéis
Pincéis são muito úteis para aplicar cola, aplicar seladores e até mesmo para coloração.
Minha preferência é por pincéis chatos e redondos de tamanho médio, com cerdas sintéticas. Não é necessário adquirir pincéis muito caros a princípio, você irá adequar suas preferências à medida que desenvolve as técnicas. Lembre-se de manter seus pincéis sempre limpos, isso facilitará para que estejam prontos para uso e os manterá conservados por muito tempo.

Régua
Uma régua de metal, madeira ou outro material duradouro é uma ferramenta importante.
Servirá para medir o papel a ser cortado, evitando desperdícios, e como ferramenta de apoio na confecção de algumas plantas e flores. Não é necessário usar uma régua muito grande, uma com 30 cm é suficiente.

Tesoura para papel

Existem vários modelos de tesoura para papel no mercado. Escolha a que melhor se adequa às suas mãos. Você passará muito tempo com ela cortando, franjando e moldando papel, por isso é essencial testar alguns modelos para que encontre o que melhor se adequa ao seu ritmo de trabalho.
É importante também que a tesoura seja bem afiada e, de preferência, possua uma ponta fina. Não é necessário que as lâminas sejam longas, lâminas médias são mais confortáveis de manusear. A ponta fina ajudará a fazer detalhes menores e delicados. Caso sinta necessidade, tenha uma tesoura menor para esse fim.

Tecido ou toalha pequena

Um pedaço de tecido ou toalha pequena são úteis para limpar as mãos, superfície de trabalho e ferramentas sujas de cola. Se preferir, mantenha um seco e um umedecido em água ao trabalhar. Na maior parte do tempo, suas mãos, por estarem sujas com restos de cola, podem contaminar e sujar o trabalho, por isso é importante limpá-las entre um passo e outro.

Ferramentas, materiais e técnicas

MATERIAIS

Arame floral

O tipo mais recomendado é o arame encapado para artesanato, também conhecido como arame floral. É comum encontrar esse arame já cortado, o que facilita a confecção das flores e plantas, pois possui um tamanho conveniente e não necessita de preparo prévio. Arames florais, de um modo geral, possuem uma numeração para especificar a sua espessura, sendo os de número maior mais finos, e os de número menor, mais grossos. É válido adquirir várias espessuras e testar o que melhor funciona para cada tipo de flor ou planta. Recomendo neste livro os de números 18 ou 20, para projetos que necessitam de mais estrutura, e os de números 26 ou 28 para detalhes mais delicados.

Cola PVA

Também conhecida como cola branca ou cola escolar, é um pegamento plástico de rápida secagem, lavável e seguro. Alguns fabricantes possuem colas PVA direcionadas para artesanato, e essa pode vir a ser a melhor opção para trabalhar com papel crepom. Algumas colas PVA podem manchar o papel devido a reações químicas dos seus componentes com os pigmentos do papel. Por isso é recomendável testar diversas marcas para achar a que melhor se adequa ao trabalho. Marcas reconhecidas no mercado costumam oferecer diversos tamanhos de recipientes com cola a um valor acessível. Caso sinta necessidade, decante a cola em um frasco menor com bico aplicador, facilmente encontrado em lojas de materiais para embalagens.

Canetas marcadoras à base de álcool ou tinta à base de álcool

Canetas ou tintas à base de álcool são ótimas para colorir o papel e adicionar pequenos detalhes nas peças já prontas. É uma tinta que possui secagem rápida e não interfere na textura do papel. Canetas marcadoras com dupla ponta são super práticas, mas um pincel redondo fino, cotonete ou mesmo um palito de madeira com algodão enrolado nas extremidades, funcionam da mesma maneira. A vantagem das canetas é a facilidade de uso e armazenagem, embora tenham um valor de investimento mais alto. Ambas as opções podem ser encontradas em lojas que comercializam produtos para arte e em algumas papelarias.

Giz escolar

É uma ferramenta de coloração barata e eficaz. O giz confere um efeito degradê delicado e com tonalidades pastéis. As cores mais utilizadas são o branco, o amarelo e o rosa.

Giz pastel seco

O giz pastel seco é uma ferramenta de coloração que confere um efeito acetinado ao trabalho. É fácil de aplicar e misturar as cores entre si. É um material que possui um valor mais elevado em relação ao giz escolar, porém tem muita durabilidade, e suas cores possuem um pigmento mais vibrante.

Papel crepom do tipo italiano

O papel crepom do tipo italiano possui uma grande elasticidade e pode ser moldado com facilidade, possibilitando a criação de muitos tipos de flores e plantas. O de menor gramatura é mais maleável e delicado para se trabalhar e pode ser encontrado com mais facilidade em território nacional. O papel de 140 g estica até 180% do seu tamanho e o de 180 g tem um coeficiente de elasticidade de até 260% do tamanho original. Ambos são comercializados em rolos de 50 cm x 250 cm, e possuem uma grande gama de cores disponíveis.

Papel crepom nacional

Esse é o tipo de papel crepom que encontramos facilmente nas papelarias e lojas de materiais artísticos. É um papel crepom sem muita elasticidade e bem delicado. Ideal para criar camadas e volume, para flores delicadas e com aparência frágil. Não possui uma gama muito grande de cores e é comercializado em rolos de 48 cm x 200 cm.

Papel-toalha ou papel higiênico

Esses dois tipos de papel, presentes no lar de praticamente todos nós, servirão como base estrutural para algumas flores e caules de flores e plantas. São papéis fáceis de moldar e não precisam ser de extrema qualidade.

Selador ou verniz à base d'água

Um bom selador ou verniz à base d'água é essencial para se obter um resultado satisfatório ao se confeccionarem certas flores e plantas. Algumas folhagens possuem aspecto acetinado,

outras, brilhoso. Isso pode ser alcançado aplicando-se uma ou mais camadas finas do produto sobre o papel. Em alguns casos o verniz ou selador ajuda a proteger a cor do papel contra o desbote ocasionado pela luz solar.

Algumas marcas de selador/verniz possuem um componente na fórmula que protege a peça exatamente contra raios UV. Vale mencionar novamente que é necessário testar algumas marcas para entender o que funciona melhor para cada projeto. São produtos que podem ser facilmente encontrados em lojas que oferecem materiais artísticos e para fins artesanais.

MATERIAIS DE APOIO

Para executar os projetos contidos nesse livro serão necessários alguns materiais de apoio como: papelão, barbante de sisal ou outro tipo de barbante e pedras decorativas ou pedriscos.

TÉCNICAS BÁSICAS

Aprender e dominar as técnicas básicas aqui apresentadas resultará em um projeto final esteticamente agradável. Entender o material a ser trabalhado, sua capacidade espacial, aprender as formas de se cortar e colar o papel para obter variados efeitos, assimilar as técnicas de moldagem, coloração, entre outras, são fundamentais para que os projetos correspondam à expectativa.

Leia com calma e atenção, treine, experimente, repita. Lembre-se de que você está aprendendo algo novo, relaxe e aproveite esse momento.

As técnicas básicas estão divididas em cinco categorias, com suas respectivas subcategorias: Cortar, Manipular, Unir, Colorir e Preservar.

1 CORTAR

O papel crepom possui uma textura característica que confere a ele sua elasticidade. Para os projetos propostos neste livro, vamos cortar o papel de diferentes formas.

Cortar na textura

Os cortes no papel seguindo a textura serão geralmente usados para separar um pedaço maior do rolo a ser utilizado em algum dos projetos.

Cortar contra a textura

Cortes contra a textura do papel serão feitos para dividir o papel em pedaços menores a serem usados nos projetos, como tiras finas ou largas.

Cortar na diagonal

Cortes na diagonal do papel serão utilizados quando for necessário unir dois pedaços de papel para confeccionar folhas ou pétalas que necessitem ser moldadas de maneira específica.

Cortar tiras

Cortes em tiras serão amplamente utilizados para obter tiras de papel com a finalidade de cobrir arames. Essas tiras irão funcionar como uma espécie de fita crepom.

Cortar franjas ou franjar

Corte em franjas é necessário para se confeccionarem flores e centros de flores. Treinar e dominar essa técnica é de extrema importância para o sucesso de muitos projetos. Comece franjando com cortes maiores, mais espaçados, e vá aumentando a velocidade e diminuindo os espaços de corte para obter uma franja fina e delicada. Cortes mais espaçados serão utilizados para criar o centro de algumas flores maiores, e cortes mais finos e delicados, para criar flores e centro de flores menores, por exemplo.

Ferramentas, materiais e técnicas

Cortar moldes

Posicionar e cortar os moldes das flores no papel é uma habilidade muito importante. Deve-se prestar atenção para a direção indicada no molde e utilizar um pedaço de papel onde o molde se encaixe com sobra.

2 MANIPULAR

Devido ao papel crepom possuir uma elasticidade grande, é possível manipular e dar a ele formas tridimensionais e texturas presentes em flores e plantas na natureza.

Esticar

Esticar o papel para entender sua capacidade elástica é fundamental. Tiras finas cortadas contra a textura do papel servirão como uma fita-crepom para enrolarmos os caules das flores, centros de algumas flores, entre outros usos. Algumas flores e plantas podem ser confeccionadas com o papel quase totalmente esticado, o que reduz a textura do papel e torna a peça visualmente mais parecida com a realidade. Segure uma ponta do papel com uma das mãos e, com a outra, estique a ponta oposta. Estique várias tiras, estique muito, estique pouco, estique devagar, para perceber como o papel se comporta.

Ondular

Ondular o papel crepom confere a ele uma aparência de babado, franzido. Algumas flores possuem esse efeito na natureza e, ondulando o papel crepom, é possível reproduzir isso com muita naturalidade.

Segure firme, mas com delicadeza, nas extremidades do papel em direção à textura e faça movimentos contrários com as mãos, esticando o papel para formar um zig-zag, fazendo movimentos para cima e para baixo. Faça ondas sutis e outras maiores e profundas, explorando a capacidade do papel.

Moldar

Moldar é o ato de dar forma a pétalas e folhas. Essa habilidade é muito importante e deve ser praticada para que o resultado final seja satisfatório. Utilizando os dedos, pressione delicadamente como se fosse abrir o papel e molde em um formato de colher ou concha.

Molde de maneira delicada e não muito profunda, sem esticar muito o papel ou molde de maneira profunda, esticando quase totalmente o papel para outro tipo de efeito. Corte pétalas de formatos diferentes e molde para praticar.

Ferramentas, materiais e técnicas

Curvar

Curvar é também uma ação que molda a pétala ou folha. Essa pode ser executada com a parte da lâmina da tesoura que não possui fio, com um palito de bambu ou com a dobradeira. É um gestual parecido com o que se utiliza para enrolar fitas ao embrulhar um presente.

Segure o papel contra a ferramenta e faça movimentos suaves de baixo para cima, para que o papel se curve para dentro ou para fora.

Torcer

Torcer o papel confere a ele uma textura interessante. O papel franjado e torcido simula com naturalidade algumas texturas encontradas na natureza, como, por exemplo, os estames das peônias, dos hibiscos, centro de algumas flores, e pétalas de caliandra.

Faça movimentos de vai e vem com os dedos no papel, como se estivesse enrolando as franjas, até que obtenha a forma desejada. Você pode torcer delicadamente entre os dedos as pétalas maiores, como quem torce um papel de doce, para conferir-lhes o formato correto.

Amassar

O ato de torcer e amassar o papel ou pétala confere ao trabalho uma textura mais orgânica. Essa técnica pode ser utilizada para simular a textura de algumas flores, como, por exemplo, as flores do ipê e botões de flor de jacarandá, assim como a textura de musgo.

Usando os dedos, torça e amasse o papel e abra cuidadosamente para não rasgar. Corte tiras finas de papel esticado e amasse-as entre os dedos, ou as mãos.

Marcar

Algumas folhagens e pétalas possuem marcas bem aparentes na sua superfície, por isso usaremos os dedos, unhas e até mesmo a dobradeira para fazer marcas no papel e simular as naturais. Em alguns casos o movimento que faremos com as mãos e os dedos também servirão para moldar e marcar as pétalas de flores ao mesmo tempo, como será o caso das pétalas do crisântemo. Segure firmemente na base da pétala com uma das mãos e, com o polegar e o indicador da outra mão, trace uma linha na pétala, sem colocar muita força, da base até o topo. Se necessário, repita o movimento até moldar e marcar corretamente.

Ferramentas, materiais e técnicas

3 UNIR

Unir os pedaços de papel de diversas formas é uma das técnicas mais importantes a serem dominadas. Todos os projetos contidos neste livro vão fazer uso de ao menos uma técnica de união.

Colar

Saber como colar é uma habilidade de extrema importância ao se confeccionarem flores e plantas de papel. Não use muita cola, pouca quantidade é o recomendado para que o resultado final seja mais limpo e profissional. Aplique com cuidado, se necessário, coloque um pouco de cola em um recipiente menor e utilize um palito para aplicá-la no papel. Tenha atenção ao colar as partes das peças, principalmente folhas que possuam direção da textura na diagonal.

Flores e folhagens * 97

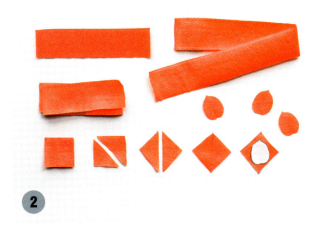

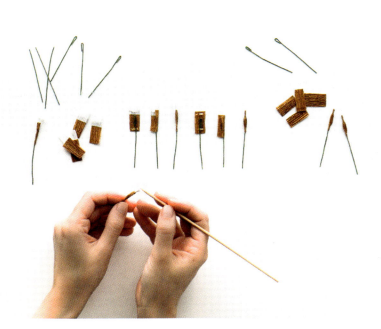

Flores e folhagens * 49

Aplique cola na base e um pouco abaixo do topo dos pedacinhos de papel. Tenha cuidado para não aplicar cola no topo da parte branca. Posicione o arame com o gancho no centro do papel, dobre um dos lados por cima do arame, enrole o restante em volta do arame e pressione com os dedos a base e o topo. Abra delicadamente, com a ajuda do palito de madeira ou bambu, a parte branca para que forme uma pequena florzinha. (fig. 4)

4. MONTAGEM

Para montar os grupos florais, comece aplicando cola no centro das brácteas e colando os botões e florzinhas nelas. Certifique-se de que a base das brácteas esteja alinhada com a base dos botões e florzinhas. Em seguida separe as peças em trios e aplique uma gotinha de cola em uma das laterais inferiores das brácteas.

Cole as três peças para formar um conjunto floral, a flor buganvília. (fig. 5)

Para dar um acabamento às buganvílias, corte uma tira fina de papel caramelo, estique e aplique um pouco de cola. Apare dois dos três arames na base da buganvília, se desejar, para diminuir a espessura do caule das flores, mas tenha cuidado para não cortar todos os arames. Enrole o arame restante com a tira de papel caramelo como mostra a figura. (fig. 6)

Para formar um galho, comece agrupando as buganvílias em trios, acrescente folhas se desejar. Use uma tira fina de papel verde ou marrom com cola para unir os trios e folhas no arame. Faça quantas buganvílias quiser! Misture tonalidades de cores diferentes, faça flores menores e maiores e una no mesmo grupo. (fig. 7)

5. FOLHAS

Para fazer as folhas, você vai repetir alguns passos semelhantes aos da confecção das brácteas. Corte uma tira de papel crepom verde-musgo com 25 cm x e 5 cm. Estique a tira até que dobre de tamanho. Dobre a mesma em três partes e corte. Dobre separadamente os três pedaços em três partes novamente e corte para obter pedaços no formato de quadradinhos.

Corte esses quadradinhos na diagonal para formar pequenos triângulos.

Cole esses triângulos em pares um de frente para o outro, com atenção para a orientação da textura, que deve formar um "v". O formato final deve lembrar uma pequena pipa, um losango. Agora use o molde para cortar as folhas. Corte pedaços de arame nº 26 e cole na parte detrás das folhas, na emenda criada pela cola. Corte tiras finas de papel crepom verde-musgo, estique, aplique cola e encape uma pequena parte do arame das folhas e use-as para unir duplas e trios de folhas. (fig. 8)

6. FINALIZAÇÃO

Adicione as folhas no arame com uma tira de papel crepom da cor escolhida, abaixo das flores. Para sustentar o galho, use um arame nº 18 e enrole com fita crepom. Você poderá engrossar o galho enrolando tiras de papel-toalha.

Use uma tira fina de papel crepom marrom ou verde-musgo para encapar o galho e finalizar sua flor. (fig. 9)

Flores e folhagens ✲ **51**

CALIANDRA
Calliandra brevipes

A caliandra é uma planta arbustiva florífera neotropical, sendo a região brasileira da Chapada Diamantina o local onde se encontra a maior diversidade desse gênero botânico. Suas flores em formato de globo fazem com que seja muito usada em paisagismo, por conta de sua delicada beleza.

Flores e folhagens ✳ 53

MATERIAIS

- *Tesoura*
- *Cola PVA*
- *Arames nº 20 e nº 26*
- *Alicate de ponta*
- *Alicate de corte*
- *Álcool*
- *Tinta ou marcadores a álcool magenta ou rosa pink*
- *Pincel chato*
- *Papel crepom do tipo italiano nas cores branco, verde-pistache, verde-musgo e marrom*

1. PREPARE

Copie o molde da caliandra e reserve. Para montar um galho com quatro flores, corte 32 pedaços com 10 cm do arame nº 26. Dobre as pontas dos arames em forma de gancho e separe. Serão utilizados oito em cada flor.

Para as flores corte quatro tiras de papel branco com 25 cm de largura e 5 cm de altura. Para as folhas da caliandra, corte 12 pedaços de arame nº 26 com 12 cm, e uma tira de papel verde-musgo com 25 cm de largura e 2,5 cm de altura. (fig. 1)

2. FLORES

Estique completamente as tiras de papel branco, dobre em quatro partes iguais e corte. Para colorir as tiras de papel branco, use a tinta a álcool ou o marcador a álcool. Utilize o pincel para passar o álcool na tira, em seguida passe um pouco da tinta ou o marcador em uma das beiradas da tira e deixe que a cor escorra um pouco para o centro.

Agora passe novamente o pincel com álcool na parte colorida para suavizar o efeito degradê. Faça isso em todas as tiras, deixe-as secar completamente e prossiga. (fig.2)

Faça franjas com a tesoura nas tiras, as mais finas que puder. Atenção para a direção do franjado, a base será a parte branca do papel e o topo, a parte colorida. Tente deixar uma base de 0,5 cm a 1 cm sem cortar nas tiras.

Utilize os dedos para torcer delicadamente o franjado das tiras. Corte ao meio as tiras franjadas e separe em grupos de oito. (fig. 3)

Aplique cola na base dos pedaços franjados, passe o arame e enrole. Corte uma tira fina de papel verde-pistache e finalize enrolando somente a base. Você agora terá oito floretes. (fig. 4)

Flores e folhagens ✳ 55

Para formar a flor é necessário unir os oito floretes. Comece cortando uma tira de papel verde-pistache e aplique um pouco de cola. Junte dois floretes e enrole para unir. Adicione mais dois floretes e enrole com a tira de papel. Apare o excesso de arame para que não fique muito grosso, mas tenha cuidado para não cortar todos. Prossiga até unir os oito floretes. Enrole um pouco mais da tira verde no caule e reserve as flores. (fig. 5)

3. FOLHAS

Estique completamente a tira de papel, dobre ao meio e corte. Dobre os dois pedaços ao meio e novamente em três partes iguais, corte para obter seis pedaços de papel verde de tamanhos iguais em cada conjunto, totalizando doze pedaços. Use o molde das folhas como guia para cortar. Com as folhas cortadas, aplique uma fina linha de cola no centro delas e posicione o arame pressionando para colar. Vire a folha com o arame ao contrário e vinque com os dedos. Deixe secar completamente. Corte uma tira fina de papel marrom, junte as folhas em pares e reserve. Você pode, se desejar, fazer folhas maiores. (fig. 6)

4. MONTAGEM

Comece encapando um arame nº 20 com uma tira de papel marrom. Posicione esse par de folhas no arame de nº 20 e enrole com a tira de papel marrom. (fig. 7)

Pegue a primeira flor e posicione um pouco abaixo das folhas, enrole com a tira de papel e adicione mais um par de folhas um pouco abaixo e oposta à flor. (fig. 8)

Prossiga da mesma forma com mais uma flor e um par de folhas. As duas flores restantes serão unidas antes de serem adicionadas ao galho. (fig. 9)

5. FINALIZAÇÃO

Posicione o par de flores e o restante das folhas, enrole e finalize o galho. (fig. 10)

Para engrossar o galho, utilize tiras de papel-toalha, enrolando até atingir a espessura desejada. Finalize enrolando com uma tira de papel crepom marrom. (figs. 11 e 12)

Flores e folhagens ✻ 57

COPO-DE-LEITE
Zantedeschia aethiopica

Planta originária da África do Sul, muito comum em locais com abundância de água como deltas de rios e margens de lagos. Apesar de ser uma espécie tóxica, é amplamente utilizada como flor de corte e cultivada em jardins por conta de suas grandes e vistosas flores.

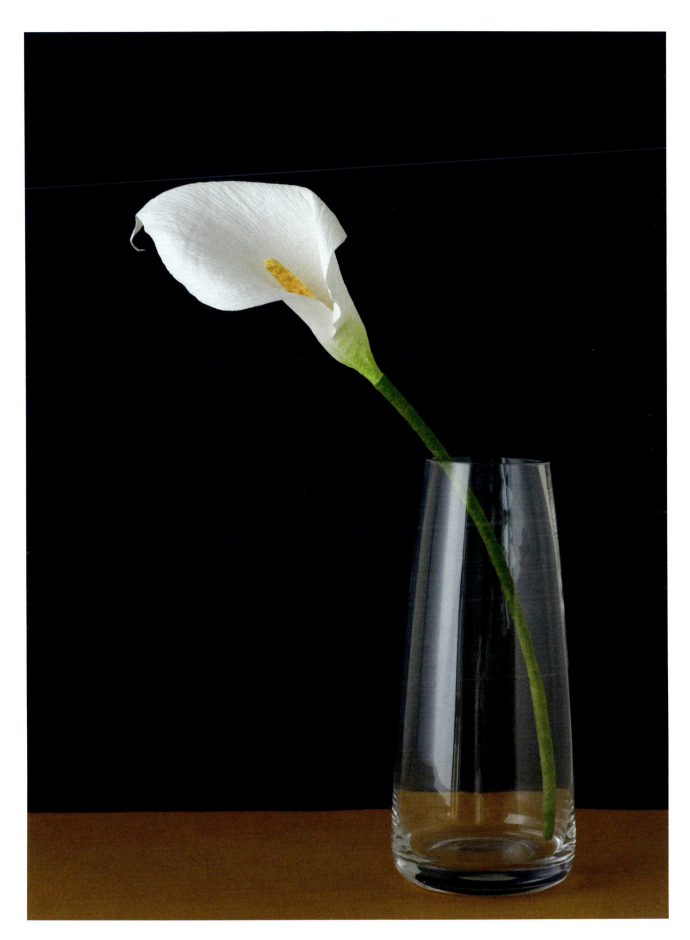

Flores e folhagens ✱ 59

> **MATERIAIS**
>
> - Tesoura
> - Cola PVA
> - Arame nº 18
> - Alicates de ponta e de corte
> - Papel-toalha
> - Marcador a álcool amarelo
> - Giz pastel verde-claro
> - Papel crepom do tipo italiano nas cores branca, amarelo-ouro e verde-musgo.

1. PREPARE

Copie os moldes do copo-de-leite e reserve. Corte tiras de papel-toalha, aplique cola e enrole ao longo do arame nº 18 até que fique com a espessura similar a um giz escolar. Arredonde uma das pontas para adiante construir o espádice, a parte amarela da flor. Corte um pedaço de papel branco com 25 cm de largura e 20 cm de altura, dobre ao meio, aplique cola e lamine. Use a dobradeira para alisar e selar o papel. (fig. 1)

2. ESPÁDICE

O espádice é uma inflorescência com flores pequenas com o aspecto de uma espiga, muito comum em plantas da família do copo-de-leite. Para simular o espádice, comece cortando uma tira fina de papel crepom amarelo-ouro, estique, aplique cola e comece a enrolar a parte arredondada do arame coberto por papel-toalha. Enrole aproximadamente 9,5 cm com a fita amarela e, para o restante do caule, use a cor verde-musgo.

Para fazer os detalhes do espádice, as microflorzinhas, use o marcador a álcool amarelo. Faça pontinhos irregulares ao longo do espádice na parte amarela. (fig. 2)

3. ESPATA

A espata é uma folha modificada que protege as inflorescências do espádice, parece uma pétala, mas não é. Corte a espata no papel branco laminado, previamente, de acordo com a orientação do molde. Comece a moldar a espata pela base, usando os polegares para criar um formato arredondado. (fig. 3)

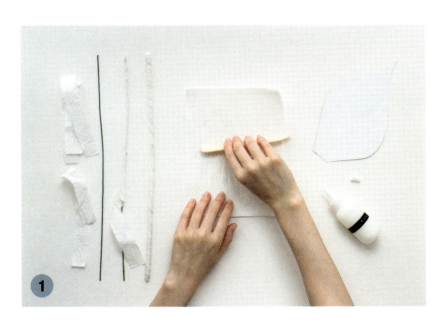

Flores e folhagens ✱ 61

Use a dobradeira para curvar o topo da espata e em seguida use os dedos para moldar o seu topo acentuando e alongando a curva. (fig. 4)

Com o giz pastel verde-claro, adicione cor na base da espata pela parte externa. Esfregue os dedos ou use um pincel para carregar o pigmento pelo papel e fazer um degradê suave. E, por fim, enrole a espata nela mesma, como se fosse formar um cone. Puxe a extremidade da base esquerda para dentro da espata, e a extremidade da base direita, passando por cima, ou vice-versa. (fig. 5)

4. MONTAGEM

Aplique cola na base interna da espata e cole ao redor do espádice, posicionando uma extremidade da base da espata primeiro, e a outra extremidade passando por cima, fixando o formato de cone. Aplique cola onde as laterais da espata se tocam próximo à base e cole para dar mais firmeza à flor. (fig. 6)

5. FINALIZAÇÃO

Corte uma tira fina de papel crepom verde-musgo, estique e aplique cola. Comece a enrolar na base da espata e prossiga cobrindo todo o caule da flor. Para fazer a transição de cor entre a espata e o caule mais suave, use o giz pastel verde-claro. Esfregue o giz entre a espata e o caule e use os dedos para misturar as cores. (fig. 7)

Flores e folhagens ✻ 63

COSTELA-DE-ADÃO
Monstera deliciosa

Suas grandes e lustrosas folhas verde-escuras
são inconfundíveis. Planta nativa do México
e amplamente cultivada por todo o mundo,
possui um fruto comestível e delicioso,
o que justifica seu nome científico.

Flores e folhagens

MATERIAIS

- *Tesoura*
- *Cola PVA*
- *Arames nº 26 e nº 20*
- *Alicate de corte*
- *Alicate de ponta*
- *Régua*
- *Dobradeira*
- *Papel crepom do tipo italiano na cor verde-musgo*

1. PREPARE

Copie o molde da folha de costela-de-adão e separe. Corte um pedaço de papel verde-musgo com 25 cm de largura e 50 cm de altura. Dobre ao meio e aplique cola em um dos lados da dobra. Espalhe bem a cola com os dedos ou com um pincel. Tenha cuidado para não encharcar o papel de cola, aplique somente o necessário.

Dobre o papel e passe as mãos para fixar um lado ao outro. Utilize a dobradeira para ajudar nesse processo, fazendo movimentos firmes, porém sem fazer muita pressão ao longo da textura do papel. Espere a cola secar um pouco e prossiga. (figs. 1, 2 e 3)

2. FOLHA

Utilizando a régua e a dobradeira, faça uma linha marcando a diagonal do papel que você laminou. Essa marcação será o guia para cortar o papel. Corte e perceba que se formaram duas peças triangulares. Cole os triângulos um de frente para o outro.

Espere a cola secar e abra com cuidado. Observe que agora você tem uma peça com formato parecido com o de uma pipa. (figs. 4 e 5)

Estique um pouco essa peça com as mãos e a dobradeira. Alise bem o meio, onde está a emenda da cola. Esse passo é importante para suavizar a textura do papel e deixar a peça final com aspecto mais natural. (fig. 6)

Flores e folhagens ✱ **67**

Em seguida, utilize o molde para cortar o formato da folha. (fig. 7)

Para fazer o detalhe do centro superior da folha, comece dobrando um arame nº 26 ao meio, em formato de gota alongada. Corte uma tira fina de papel verde e enrole no arame, começando pela ponta da gota. Você irá enrolar a gota mantendo o formato achatado. Enrole quase até o fim, deixando a parte mais arredondada sem enrolar e cole essa peça na folha. (fig. 8)

3. MONTAGEM

Para fazer o caule da folha, serão necessários dois arames nº 20.

Vire a folha e abra delicadamente a emenda na parte inferior. Aplique cola nessa emenda e posicione os dois arames ao longo. Pressione com os dedos até sentir que está firme o suficiente. Com um tira de papel verde, una os arames da parte inferior ao arame da parte superior que foi utilizado para fazer o detalhe central da folha. Enrole tudo mantendo os arames paralelos, para que o caule tenha uma aparência achatada.

Caso queira aumentar o tamanho do caule, utilize mais dois arames nº 20, e para engrossar, enrole tiras de papel-toalha até atingir a espessura desejada. (figs. 9 e 10)

4. FINALIZAÇÃO

Para finalizar, aplique uma camada de verniz acrílico fosco ou brilhoso na folha e deixe secar completamente. Utilize a dobradeira para curvar as beiradas da folha para baixo, deixando-a com aspecto mais natural. Faça quantas folhas desejar! (figs. 11 e 12)

Flores e folhagens ✳ **69**

CRISÂNTEMO
Chrysanthemum × morifolium

Crisântemo, em grego, significa "flor de ouro". Seu cultivo por civilizações asiáticas data de mais de 2.000 anos, sendo considerada uma planta nobre na China, onde por muitos anos foi de uso exclusivo da nobreza.

Flores e folhagens ✳ 71

MATERIAIS

- *Cola PVA*
- *Arames nº 20 e nº 26*
- *Alicate de ponta*
- *Alicate de corte*
- *Papel crepom do tipo italiano nas cores amarelo-ouro e verde-musgo*

1. PREPARE

Copie os moldes do crisântemo e reserve. Dobre a ponta do arame nº 20 em formato de gancho e reserve.

Para fazer a cabeça de uma flor, comece cortando tiras de papel crepom amarelo-ouro nas seguintes medidas: uma tira com 25 cm de largura por 2,5 cm de altura; uma tira com 25 cm de largura por 4 cm de altura; uma tira com 25 cm de largura por 5 cm de altura; uma tira com 25 cm de largura por 7 cm de altura e duas tiras com 25 cm de largura por 9 cm de altura. Corte várias tiras finas de papel crepom verde-musgo, corte uma tira de papel verde-musgo com 10 cm de largura e 2,5 cm de altura e outra com 20 cm de largura e 12 cm de altura. (fig. 1)

2. PÉTALAS

Comece esticando um pouco as tiras de papel amarelas, dobre-as em quatro partes e posicione o molde para ver se encaixa. Caso não encaixe, repita o processo de esticar e dobrar, até que o molde encaixe no pedaço de papel dobrado. Corte as pétalas contínuas e prossiga. (fig. 2)

Molde as pétalas marcando com os dedos indicador e polegar, fazendo um movimento de baixo para cima. O objetivo é criar uma forma tridimensional curvada nas pétalas, marcando delicadamente com as unhas do polegar. Faça isso em todas as pétalas e prossiga. (fig. 3)

3. SÉPALAS

Use a tira menor de papel verde-musgo para cortar as sépalas. Estique e dobre ao meio a tira de papel, corte uma fileira de pequenos triângulos e reserve. (fig. 4)

Flores e folhagens

4. FOLHAS

Dobre a tira maior de papel verde-musgo ao meio, aplique cola em um dos lados e lamine. Use a dobradeira para alisar o papel o máximo que conseguir, espere a cola secar um pouco e prossiga. Corte as folhas usando os moldes como guias, corte pedaços de arame nº 26 em tamanho suficiente para colar atrás das folhas e sobrar para fazer o caule. Corte, estique e aplique cola em uma tira fina de papel verde-musgo e encape pedaços de arame nº 26. Aplique cola nos arames, cole na parte detrás das folhas e reserve. (fig. 5)

5. MONTAGEM

Comece aplicando cola na base da tira de pétalas menores, nº 1, e enrole em volta do arame com a ponta dobrada. Prossiga colando e enrolando as outras tiras de pétalas, seguindo a numeração. Atenção para os tamanhos e mantenha as bases das pétalas alinhadas. Tente encaixar as pétalas nas lacunas das anteriores, para que fiquem com uma aparência mais orgânica e natural. (figs. 6 e 7)

Ao terminar de colar as pétalas, prossiga e cole as sépalas na base da flor. Corte tiras de papel-toalha e cole em volta do arame desde a base das sépalas até o final do caule. Use uma tira fina de papel verde-musgo para encapar o caule desde a base das sépalas até o final. (fig. 8)

6. FINALIZAÇÃO

Posicione as folhas onde desejar colar no caule da flor. Use uma tira fina de papel crepom verde-musgo esticada e cola para fixar as folhas no caule, enrolando com firmeza para que fiquem bem fixas. (figs. 9 e 10)

Flores e folhagens ✳ 75

EUCALIPTO
Eucalyptus cinerea

Eucaliptos são árvores nativas da Oceania com mais de 700 espécies. Possuem grande importância econômica mundial, pois são utilizadas para produção de pasta de celulose, papel, carvão vegetal, madeira, e sua folhagem é amplamente utilizada em arranjos ornamentais.

Flores e folhagens * 77

MATERIAIS

- *Tesoura*
- *Cola PVA*
- *Arame nº 26*
- *Alicate de corte*
- *Giz escolar ou giz pastel branco*
- *Papel crepom do tipo italiano nas cores verde-pistache e caramelo*

1. PREPARE

Copie os moldes de folhas de eucalipto e reserve. Para confeccionar um galho, serão utilizadas 13 folhas. Comece cortando o arame nº 26 em 5 peças com 7 cm, 5 peças com 9 cm e 3 peças com 11 cm, e reserve. Corte uma tira de papel verde-pistache com 25 cm de largura e 5 cm de altura, outra com 25 cm de largura e 6 cm de altura e uma terceira com 25 cm de largura e 7 cm de altura. (fig. 1)

2. FOLHAS

Estique as tiras de papel até dobrarem de tamanho e ficarem bem lisas, quase sem textura. Dobre ao meio e passe cola em um dos lados da dobra. Posicione os arames na parte com a cola, deixando espaço necessário para cortar as folhas de acordo com os moldes. Dobre e cole o papel, utilize a dobradeira para facilitar, fazendo movimentos firmes porém com cuidado para não rasgar o papel. (fig. 2)

Espere a cola secar quase totalmente, alise um pouco mais as tiras coladas com os arames inseridos e use os moldes para cortar as folhas. Para que as folhas tenham o aspecto encerado característico da folhagem de eucalipto, utilize o giz escolar ou o giz pastel para depositar uma camada de pigmento branco sobre as folhas. Esfregue com os dedos ou use um pincel para espalhar bem o pigmento. Corte uma tira fina de papel verde-pistache e enrole somente a base do caule das folhas, o restante do caule enrole com uma tira fina de papel caramelo. (figs. 3 e 4)

Flores e folhagens

3. MONTAGEM

Comece a montar o galho unindo duas folhas pequenas com uma tira fina de papel caramelo. Una essas duas primeiras folhas em um arame nº 26, enrolando com uma tira de papel caramelo. Prossiga adicionando mais três folhas pequenas opostas umas às outras, deixando um espaço de mais ou menos 1 cm entre uma e outra. Una duas folhas médias e adicione ao caule. (figs. 5, 6 e 7)

Adicione duas folhas médias mais abaixo, uma de frente para a outra, de lados opostos. Una a folha média que restou a uma folha grande e adicione ao caule. Adicione as duas folhas grandes restantes mais abaixo, uma de frente para a outra. (figs. 8, 9 e 10)

4. FINALIZAÇÃO

Finalize o caule enrolando uma tira de papel caramelo e se desejar adicione outro arame nº 26 para alongar o caule. (fig. 11)

Flores e folhagens ✳ **81**

GIRASSOL
Helianthus annuus

Plantas originárias da América do Norte, os girassóis eram cultivados por povos ancestrais como fonte de alimento. Há registros de objetos moldados em ouro pela cultura inca em formato dessa linda flor, o que indica uma associação ao deus Sol.

Flores e folhagens

MATERIAIS

- *Tesoura*
- *Cola PVA*
- *Arame nº 20*
- *Giz pastel seco amarelo e/ou marcador a álcool amarelo e giz pastel verde-claro*
- *Alicate de corte*
- *Papel-toalha*
- *Papel crepom do tipo italiano nas cores amarelo-ouro, verde-pistache, caramelo e marrom*

1. PREPARE

Copie os moldes do girassol e reserve. Corte tiras de papel-toalha, aplique cola e enrole no arame nº 20 até atingir a espessura de um giz escolar. Corte tiras finas de papel crepom verde-pistache, estique, aplique cola e encape o arame coberto por papel-toalha. (fig. 1)

2. CENTRO

Vamos aqui chamar de centro o que é conhecido como flores de disco no girassol. Comece cortando três tiras de papel crepom verde-pistache com 25 cm de largura e 3 cm de altura e três tiras de papel crepom caramelo com 25 cm de largura e 3 cm de altura. Franje e torça as franjas de todas as tiras. Aplique cola nas três tiras verdes e comece a colar em volta do arame engrossado e encapado com papel verde. Cole uma tira após a outra sem esticar o papel e mantendo a base nivelada. Aplique cola nas franjas caramelo e proceda enrolando em volta das tiras verde-pistache, sempre mantendo a base das tiras com franjas niveladas.

Essa fase do centro deverá ter a medida aproximada de 4 cm de diâmetro. (fig. 2)

Corte seis tiras de papel crepom marrom com 25 cm de largura e 3,5 cm de altura. Franje e torça as franjas de todas as tiras. Aplique cola em três tiras e comece a colar em volta das franjas caramelo. Cole uma tira após a outra sem esticar o papel e mantendo a base nivelada. Aplique cola nas três tiras restantes e proceda enrolando em volta das tiras anteriores, sempre mantendo a base nivelada. Essa fase do centro deverá ter a medida aproximada de 5,5 cm de diâmetro.

Para fazer a última parte do centro, corte três tiras marrons com 25 cm de largura e 3 cm de altura. Franje e torça as tiras, aplique cola e comece a enrolar em volta das tiras marrons no centro do girassol. Mantenha a base das tiras sempre niveladas. Ao terminar essa fase do centro, deverá ter a medida aproximada de 6,5 cm de diâmetro. (fig. 3)

Use os dedos para abrir o centro, fazendo movimentos como se estivesse escovando as franjas para fora do centro. (fig. 4)

Flores e folhagens

3. PÉTALAS

Corte uma tira de papel crepom amarelo-ouro com 25 cm de largura por 8 cm de altura. Estique quase totalmente a tira, dobre ao meio e corte em dois pedaços. Usando o molde nº 1 como guia, corte oito pétalas em cada pedaço. Corte outra tira de papel crepom amarelo-ouro com 25 cm de largura por 9 cm de altura. Estique quase totalmente a tira, dobre ao meio e corte em dois pedaços. Usando o molde nº 2 como guia, corte oito pétalas em cada pedaço. (fig. 5)

Use os dedos para moldar e marcar as pétalas. Segure a pétala pela base e passe a unha do dedo indicador suavemente mas com firmeza por trás da pétala, fazendo um movimento de baixo para cima, da base até a ponta da pétala. Esse movimento vai conferir às pétalas um aspecto mais natural. Caso queira adicionar um pouco mais de cor nas pétalas, use o giz pastel amarelo ou o marcador a álcool amarelo. Comece aplicando desde a base até mais ou menos o meio da pétala fazendo movimentos leves, como se estivesse riscando a pétala. O uso de um método de coloração ou outro é uma questão de preferência aqui, veja qual dos dois prefere e use. Faça isso em todas e prossiga para a próxima etapa. (fig. 6)

4. SÉPALAS

Corte três tiras de papel crepom verde-pistache com 15 cm de largura e 4 cm de altura. Dobre ao meio e usando o molde como referência corte as sépalas. Molde as sépalas com os dedos, torça as pontinhas como mostra a figura e reserve. (fig. 7)

5. FOLHAS

Para fazer um par de folhas para o girassol, comece cortando um pedaço de papel crepom verde-musgo com 25 cm de largura por 12 cm de altura. Dobre esse pedaço ao meio e corte para obter dois pedaços. Ainda com os dois pedaços um de frente para o outro, faça um corte na diagonal para obter dois pares de triângulos. Cole os pares um de frente para o outro, com a textura do papel apontando para fora, espere a cola secar e abra os triângulos. Usando os moldes das folhas do girassol, corte uma de cada tamanho. (fig. 8)

Cole um arame nº 26 atrás de cada folha, usando a emenda da cola para escondê-lo. Encape uma pequena parte do cabo da folha com uma tira fina de papel crepom verde-pistache. Você pode optar por fazer pequenos cortes com a ponta da tesoura nas extremidades da folha para simular o serrilhado, ou deixar a folha com as extremidades lisas. (fig. 9)

Flores e folhagens

6. MONTAGEM

Comece pelas pétalas. Aplique uma gotinha de cola na base de cada pétala, dobre as extremidades para dentro e pressione para aderir. (fig. 10)

Após fazer isso com todas, separe as pétalas nº 1, aplique uma gota de cola na base e comece a colar. Cole as pétalas em volta do centro, tentando espaçar da maneira mais uniforme que conseguir. (fig. 11)

Ao terminar de colar todas as pétalas nº 1, prossiga para as pétalas nº 2. Aplique cola na base das pétalas e cole entre os espaços das pétalas nº 1. (fig. 12)

Após todas as pétalas coladas, aplique cola na base de uma fileira de sépalas e cole na base da flor cobrindo a parte detrás das pétalas. Aplique cola em outra fileira de sépalas e cole alinhando entre os espaços das sépalas da fileira anterior. (fig. 13)

A última fileira de sépalas deverá ser posicionada e colada cobrindo por completo a parte detrás da flor. Aplique um pouco mais de cola nessa fileira e espalhe com os dedos. Ao posicionar a fileira, molde o papel com calma para obter um acabamento fino e com aparência orgânica, cobrindo toda a base detrás da flor. (fig. 14)

7. FINALIZAÇÃO

Para finalizar o girassol, corte tiras finas de papel crepom verde-pistache, estique-as e aplique cola. Comece a enrolar o cabo do girassol desde a base da cabeça da flor e vá descendo ao longo do caule.

Use uma tira de papel crepom verde-pistache para colar as folhas onde desejar no caule.

Para adicionar detalhes de cor e suavizar a transição de cores entre o cabo das folhas e as folhas, use o giz pastel verde-claro. O mesmo pode ser feito em outras partes da flor que achar necessário. (fig. 15)

Flores e folhagens ✳ **89**

HELICÔNIA
Heliconia stricta

Plantas de origem tropical, presentes na América do Sul, América Central, Ilhas do Pacífico e Indonésia, as helicônias são muito utilizadas no paisagismo por suas flores exuberantes em cores fortes, vermelho, laranja e amarelo.

Flores e folhagens * 91

MATERIAIS

- *Tesoura*
- *Cola PVA*
- *Arame nº 20*
- *Marcadores a álcool vermelho e laranja*
- *Giz pastel verde-claro*
- *Alicate de corte*
- *Papel-toalha*
- *Papel crepom do tipo italiano nas cores laranja e verde-pistache*

1. PREPARE

Copie os moldes da helicônia e reserve. Para fazer uma haste, comece cortando uma tira de papel crepom laranja com 15 cm de largura por 12 cm de altura, outra com 25 cm de largura por 14 cm de altura e mais uma com 25 cm de largura por 16 cm de altura.

Corte tiras finas de papel crepom laranja, enrole o arame nº 20 e reserve. (fig. 1)

2. BRÁCTEAS

Vamos aqui representar em papel a parte colorida da inflorescência chamada bráctea. Estique um pouco a tira de papel de 15 cm, dobre ao meio e corte-a para obter dois pedaços. Estique um pouco as tiras de 25 cm, dobre em quatro partes e corte para obter quatro pedaços em cada tira. (fig. 2)

Você irá laminar todos os pedaços. Comece dobrando os pedaços ao meio no sentido da textura do papel, aplique cola, espalhe com os dedos e lamine as duas partes do papel.

Use a dobradeira para ajudar a suavizar a textura do papel e selar os dois lados. Faça isso com todos os pedaços de papel e reserve.

Com a cola ainda úmida no papel, continue a passar a dobradeira e note que o papel irá naturalmente esticar no sentido horizontal. Isso é normal e esperado. Espere a cola secar um pouco mais e prossiga para a próxima etapa. (fig. 3)

Dobre os pedaços novamente ao meio, no sentido da textura do papel, e use os moldes como guia para cortar as brácteas. Corte quatro peças pequenas, oito peças médias e oito peças grandes. Cada bráctea será composta por duas peças. Ao terminar de cortar, cole os pares um de frente para o outro, aplicando cola em pequena quantidade na extremidade indicada no molde. Após a cola secar por completo, abra cuidadosamente as brácteas virando-as para o outro lado. A emenda da cola deve ficar dentro desse formato parecido com uma canoa.

Use os dedos com movimentos firmes mas com cuidado para suavizar a parte exterior da emenda da cola na bráctea. (figs. 4 e 5)

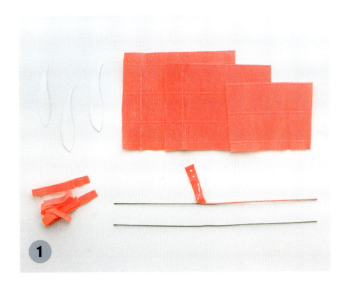

Flores e folhagens * 93

Use o marcador a álcool vermelho e o laranja para colorir as brácteas. Comece colorindo as pontas e vá suavizando a cor em direção à base. Faça movimentos longos e suaves com o marcador para depositar camadas de cor. Se achar necessário, passe uma camada de verniz acrílico fosco nas brácteas usando um pincel chato. Isso não é extremamente necessário, porém irá conferir às brácteas um aspecto mais natural. (fig. 6)

3. MONTAGEM

Aplique uma pequena quantidade de cola na base de uma bráctea pequena e cole-a em volta da ponta do arame, como se a bráctea abraçasse o arame. Com uma tira de papel crepom laranja, reforce e segure a base da bráctea no arame. Dê mais algumas voltas em torno da base da bráctea para aumentar a espessura do arame naquele ponto. (fig. 7)

Aplique cola na base de outra bráctea pequena e cole no arame, um pouco abaixo da primeira e do lado oposto, como se estivesse abraçando a primeira. Novamente use a tira de papel crepom laranja com um pouco de cola para fixar a bráctea e aumentar levemente a espessura do arame como feito na primeira bráctea. (fig. 8)

Repita esse processo adicionando três brácteas médias e duas grandes ao longo do caule, para uma flor média. Para uma flor maior, adicione todas as brácteas médias e todas as brácteas grandes. (figs. 9 e 10)

4. FINALIZAÇÃO

Para finalizar a helicônia, use tiras de papel-toalha para engrossar o caule na espessura que desejar. Corte uma tira de papel crepom verde-pistache, estique, aplique cola e comece a encapar o caule, desde a base da última bráctea até o fim deste. Ajeite as brácteas em zig-zag e se desejar use o giz pastel verde-claro para colorir e suavizar a transição de cor entre a última bráctea e o caule. (fig. 11)

Flores e folhagens ✳ **95**

HIBISCO
Hibiscus rosa-sinensis

Planta encontrada em regiões tropicais e subtropicais, porém sua origem é incerta. Amplamente difundida e utilizada em jardins para fins ornamentais, é conhecida pelos nomes populares graxa-de-estudante e mimo-de-vênus.

Flores e folhagens

MATERIAIS

- Tesoura
- Cola PVA
- Arames nº 20 e nº 26
- Marcador a álcool vermelho
- Giz escolar cor-de-rosa
- Alicate de corte
- Papel crepom do tipo italiano nas cores vermelho, amarelo-ouro, verde-pistache e verde-musgo

1. PREPARE

Copie os moldes do hibisco e reserve. Corte um pedaço de arame nº 20 com 20 cm e pedaços de arame nº 26 com 10 cm na quantidade desejada de folhas que queira confeccionar. (fig. 1)

2. PISTILO

Pistilo é a parte central da flor, a haste no meio das pétalas. Ele é composto de estigma, estames e estilete.

Vamos começar produzindo o estigma. Corte um pedaço de papel crepom vermelho com 2 cm de largura por 4 cm de altura, estique um pouco e faça cinco cortes, como se estivesse franjando o papel, com largura aproximada de um palito de fósforo cada um. Torça essas franjas e aplique uma pequena quantidade de cola nas extremidades. Enrole as extremidades com o mínimo de cola para fazer pequenas bolinhas, cole em volta do arame e reserve. (fig. 2)

Para fazer os estames corte uma tira de papel crepom amarelo-ouro com 10 cm de largura e 1,5 cm de altura e estique quase totalmente essa tira. Com o marcador a álcool vermelho pinte a tira de papel deixando uma linha fina sem colorir em uma das extremidades. Franje essa tira o mais fino que puder e torça as franjas com os dedos.

Aplique cola na base dos estames e comece a enrolar logo abaixo da base do estigma. Vá enrolando e fazendo um movimento em espiral descendo no arame. Ao terminar essa etapa, corte uma tira fina de papel crepom vermelho, estique, aplique cola e comece a enrolar o arame logo abaixo dos estames.

Isso será o estilete. Enrole um pedaço com aproximadamente 3,5 cm e na base do estilete enrole mais papel para que fique mais grossa, mais ou menos do tamanho de uma cabeça de cotonete. Reserve essa peça e siga adiante. (fig. 3)

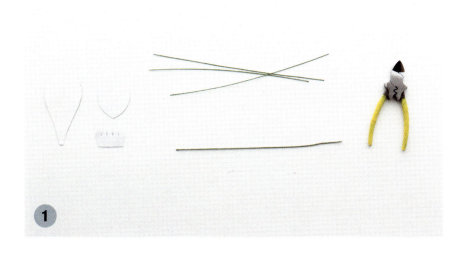

Flores e folhagens ✳ **99**

3. PÉTALAS

Para fazer as pétalas do hibisco, comece cortando três pedaços de papel crepom vermelho com 15 cm de largura por 10 cm de altura. Estique um pouco um dos pedaços e dobre ao meio, corte para obter dois pedaços. Corte esses dois pedaços juntos na diagonal para obter dois pares de triângulos. Repita esse processo com os dois pedaços restantes. Cole os triângulos, formando pequenas pipas. (fig. 4)

Após a cola secar, use o molde da pétala do hibisco e corte seis pétalas. Você irá utilizar somente cinco, guarde a sexta pétala caso precise repor uma pétala danificada. Aplique uma camada de verniz acrílico fosco nas pétalas e deixe secar por completo. Quando as pétalas estiverem secas, use o giz escolar rosa para colorir a base das pétalas. (fig. 5)

Agora molde as extremidades das pétalas, ondulando com os dedos e, em seguida, cole as pétalas em forma de leque, aplicando cola na sua base lateral. (fig. 6)

4. SÉPALAS

Para fazer as sépalas da flor, corte um pedaço de papel crepom verde-pistache com tamanho suficiente para recortar o molde das sépalas. Corte, molde com os dedos e reserve. (fig. 7)

5. FOLHAS

Para fazer as folhas da flor, corte um pedaço de papel crepom verde-musgo com 5 cm de largura por 7 cm de altura, corte na diagonal e cole os triângulos que se formaram, um de frente para o outro, prestando atenção na textura do papel. Espere a cola secar totalmente, abra o triângulo e use o molde para cortar o formato da folha. Nesse ponto você pode optar por serrilhar as extremidades da folha ou deixá-las lisas.

Cole um pedaço de arame nº 26 na emenda da cola na parte detrás da folha, deixando uma sobra na base da folha para fazer a haste. Corte uma tira fina de papel verde-pistache, estique, aplique cola e cubra uma parte da haste da folha. Repita o processo e faça quantas folhas desejar. (fig. 8)

Flores e folhagens * 101

6. MONTAGEM

Para montar a flor comece aplicando cola na base das pétalas em leque. Cole-as em volta do pistilo, alinhando a base das pétalas com a parte mais grossa na base do pistilo. Em seguida aplique cola na sépala e cole em volta das pétalas, alinhando com as bases. (figs. 9 e 10)

Corte uma tira fina de papel verde-musgo, estique e, em uma das extremidades, recorte cinco pequenos triângulos. Aplique cola e enrole os triângulos cuidadosamente na base da sépala. Continue enrolando a fita de crepom em volta do arame por aproximadamente 1,5 cm. Adicione uma folha e continue a enrolar com a fita crepom. A partir desse ponto, você pode optar por continuar usando a fita crepom na cor verde ou mudar a cor e usar o marrom. Adicione quantas folhas desejar. (fig. 11)

7. FINALIZAÇÃO

Para finalizar, molde as pétalas da flor para baixo, para que fiquem com uma aparência mais natural. Use os dedos para curvar delicadamente as pétalas para baixo e para fora, fazendo um movimento em espiral. (fig. 12)

Flores e folhagens * **103**

HORTÊNSIA
Hydrangea macrophylla

A hortênsia é uma planta nativa do Japão e China, conhecida também pelos nomes populares de novelão, hidrângea ou hidranja. Cultivada em regiões de climas temperado e subtropical, é um arbusto que apresenta flores rosadas ou azuladas dependendo do pH do solo.

Flores e folhagens * 105

MATERIAIS

- *Tesoura*
- *Cola PVA*
- *Arames nº 20 e nº 26*
- *Alicate de corte*
- *Giz pastel azul ou roxo, verde-claro e marrom*
- *Papel crepom do tipo italiano nas cores azul-claro, verde-pistache e verde-musgo*

1. PREPARE

Copie os moldes da hortênsia e reserve. Para fazer um galho cheio de flores, corte 50 pedaços de arame nº 26 com 10 cm cada. Corte várias tiras finas de papel crepom azul-claro. (fig. 1)

2. CENTROS

Para fazer os centros das florzinhas, comece esticando e aplicando cola em uma tira fina de papel crepom azul-claro. Enrole a ponta de um dos pedaços de arame para formar um minicotonete. O formato do centro deve ser delicado, com aproximadamente 0,5 cm de altura. Faça isso em todos os 50 pedaços de arame e prossiga para a próxima etapa. (fig. 2)

3. PÉTALAS

Para fazer as pétalas, comece cortando tiras de papel crepom azul-claro com 25 cm de largura por 5 cm de altura. Estique bastante as tiras, até que a textura fique quase imperceptível. Dobre-as ao meio e corte. Dobre os pedaços cortados em quatro partes e use os moldes para cortar as pétalas. Cada florzinha terá quatro pétalas, então, para fazer 50 flores, serão necessárias 200 pétalas. Você pode optar por cortar todas em um só tamanho ou variar os tamanhos. Para que a hortênsia tenha uma aparência mais orgânica, corte uma proporção maior de pétalas para fazer flores menores, e uma proporção menor para fazer flores maiores. Por exemplo: faça 30 flores menores e 20 maiores. (fig. 3)

Após cortar todas as pétalas nas proporções desejadas, molde-as com os dedos se desejar. Segure quatro pétalas juntas pela base com uma das mãos e, com a outra, faça um movimento delicado de torção para o lado oposto. Use os dedos para apoiar as pétalas. (fig. 4)

Para montar a flor, comece aplicando uma pequena quantidade de cola na base das quatro pétalas. Cole a primeira em volta do centro, e as demais em sentido horário. Abra com os dedos delicadamente as florzinhas depois que a cola secar completamente e prossiga. (fig. 5)

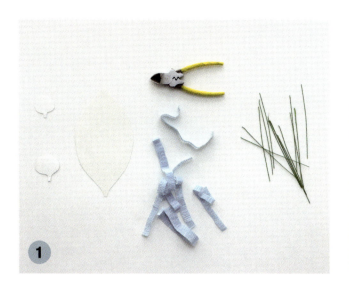

Flores e folhagens * **107**

4. MONTAGEM

Após montar todas as flores, corte mais tiras finas de papel crepom azul-claro, estique e aplique cola. Enrole a base das florzinhas e um pouquinho do cabo também. Após enrolar todas, separe conjuntos de três flores menores e pares de flores maiores, unindo as florzinhas com uma tira de crepom. (fig. 6)

Faça conjuntos de cinco flores, unindo um conjunto de três menores e um de duas maiores com a fita crepom. Use o giz pastel verde-claro para colorir o cabo dos conjuntos de cinco flores. Se desejar colorir os centros das florzinhas, use um cotonete impregnado de pigmento de giz pastel azul ou roxo. Esfregue o cotonete no giz pastel de sua preferência e aplique no centro das florzinhas. (fig. 7)

Corte uma tira fina de papel crepom verde-pistache, estique, aplique cola e comece a unir os grupos de cinco flores. Separe as florzinhas em dois grupos, cada um com cinco grupos de flores, use a fita crepom para enrolar e tenha certeza de que fiquem bem unidos. Ajeite os grupos de florzinhas para que fiquem em um formato de meia esfera. (fig. 8)

Agora junte os dois grupos de flores para que formem algo semelhante a uma esfera de flores, usando uma tira de papel crepom verde-pistache esticada e com cola. Nesse estágio adicione um arame nº 20 entre os arames finos do caule da flor e segure bem, enrolando com a fita crepom. (fig. 9)

5. FOLHAS

Para fazer um par de folhas, corte um pedaço de papel crepom verde-musgo com 25 cm de largura por 15 cm de altura. Dobre ao meio e corte para obter dois pedaços. Corte os dois pedaços juntos na diagonal e cole os pares de triângulos resultantes um de frente para o outro. Após secar a cola, abra os triângulos e use o molde da folha para cortar um par de folhas. Corte o serrilhado das extremidades e cole um pedaço de arame nº 26 na parte detrás da folha, na emenda da cola. Use uma fita crepom verde-pistache para cobrir um pouco do arame que sobrar da folha. Com o giz pastel verde-claro, pinte uma parte da folha e um pouco da haste. (fig. 10)

6. FINALIZAÇÃO

Corte tiras de papel-toalha e enrole em volta do caule da flor para aumentar a espessura. Corte tiras finas de papel crepom verde-pistache, estique, aplique cola e comece a enrolar o caule da flor. Adicione as folhas, posicionando um pouco abaixo da base da flor, uma de frente para a outra. Continue a enrolar o caule da flor até o final.

Enrole um pouco mais de papel em alguns pontos do caule para simular os nós da planta se desejar. Use o giz pastel marrom para colorir o caule da flor até mais ou menos próximo à base das folhas. Esfregue com os dedos para dar textura e aplique uma camada de verniz acrílico fosco no caule para fixar a cor. (fig. 11)

Flores e folhagens **109**

IPÊ
Handroanthus albus

Considerada a árvore símbolo do Brasil, também conhecida pelos nomes populares de ipê-do-cerrado, ipê-dourado, aipê, taipoca. Árvore natural da Mata Atlântica e Cerrado, sua floração amarelo-ouro tem início no final do mês de agosto.

Flores e folhagens

MATERIAIS

- *Tesoura*
- *Cola PVA*
- *Arames nº 20 e nº 26*
- *Alicate de corte*
- *Marcador a álcool amarelo*
- *Papel crepom do tipo italiano nas cores amarelo e marrom*

1. PREPARE

Copie o molde do ipê e reserve. Para fazer um galho com 24 flores, corte 24 pedaços de arame nº 26 com 10 cm cada, corte tiras finas de papel crepom amarelo e de papel crepom marrom e reserve. (fig. 1)

2. CENTROS

Para fazer os centros, pistilos, das flores, comece esticando as tiras finas de papel crepom amarelo, aplique cola e enrole nos pedaços de arame até cobrir aproximadamente a metade deles, 5 cm, enrolando a base um pouquinho mais grossa. (fig. 2)

3. PÉTALAS

Para fazer as pétalas, comece cortando oito tiras de papel crepom amarelo com 25 cm de largura por 7,5 cm de altura. Estique um pouco as tiras até que a textura fique suave. Dobre as tiras em três partes e corte-as para obter três pedaços. Dobre os pedaços cortados em cinco partes e use o molde para cortar as pétalas.

As pétalas podem ser cortadas uma a uma para maior precisão. (fig. 3)

Arranje e cole as pétalas em formato de leque, como mostra a figura. Use o marcador a álcool para colorir a base das pétalas quando a cola estiver totalmente seca. (fig. 4)

Para dar a textura correta às pétalas, enrole o leque em um formato de cone, torcendo e amassando delicadamente todas as pétalas juntas. (fig. 5)

Flores e folhagens ✳ **113**

Abra com cuidado e molde as extremidades das pétalas para fora. (figs. 6 e 7)

Para montar a flor, comece aplicando uma pequena quantidade de cola na base das pétalas, enrole em volta do arame encapado de amarelo e pressione a base para que fique bem firme. Corte uma tira fina de papel crepom marrom, estique, aplique cola e enrole na base da flor para finalizar. (fig. 8)

4. MONTAGEM

Para montar as flores em formato de esfera, comece juntando-as em grupos de três. Use uma tira fina de crepom marrom para unir os trios. Caso queira diminuir a espessura do caule para ter um acabamento delicado, apare dois dos três arames após segurar as três flores juntas. (fig. 9)

Após unir as flores em trios, monte grupos de seis flores, depois, grupos de 12 flores e, por fim, um grupo de 24 flores, usando a fita crepom marrom. (figs. 10 e 11)

5. FINALIZAÇÃO

Enrole um arame nº 20 na base do caule da esfera de flores, usando uma fita crepom marrom. Para engrossar o caule use tiras de papel-toalha e, depois, finalize enrolando fita crepom na cor marrom. Você pode adicionar caules sem flores ao caule principal, para dar ao galho um aspecto mais natural, se desejar. Abra e posicione as flores com as mãos de modo que o formato final seja semelhante a uma esfera. (figs. 12 e 13)

Flores e folhagens ✳ 115

JACARANDÁ
Jacaranda mimosifolia

Árvore ornamental nativa do Brasil
e Argentina, o Jacarandá encontra-se
infelizmente ameaçado em seu habitat
natural. No inverno perde toda a sua
folhagem delicada, para na primavera dar
lugar a cachos de flores roxo-azuladas
que permanecem até o fim do verão.

Flores e folhagens * 117

MATERIAIS

- *Tesoura*
- *Cola PVA*
- *Arames nº 20 e nº 26*
- *Alicate de corte*
- *Marcadores a álcool roxo e lilás*
- *Papel-toalha*
- *Papel crepom do tipo italiano nas cores lilás claro tingido, verde-pistache e marrom*

1. PREPARE

Copie os moldes do jacarandá e reserve. Para fazer um galho com 35 flores de jacarandá, corte 35 pedaços de arame nº 26 com 10 cm cada. Prepare o papel que deseja usar, tingindo-o previamente. Corte tiras finas do papel tingido e reserve. (fig. 1)

2. TINGIR

Corte o papel crepom lilás claro em tiras com 20 cm de largura por 7 cm de altura para facilitar o tingimento e confecção das flores. Para essa flor, use água bem quente, quase fervendo, um pedaço de papel crepom violeta e um pedaço pequeno de papel crepom azul-noite para colorir a água. Mergulhe as tiras de papel lilás na água colorida para tingir. Faça um teste de cor com um pedaço menor para verificar se a cor está como desejada. Espere o papel secar totalmente antes de manipular. O ideal é que o papel seque por 24 horas à sombra. É aconselhável o uso de luvas para proteger as mãos. Proteja também o ambiente em que fará o tingimento, pois o pigmento do papel pode manchar algumas superfícies. (fig. 2)

3. CENTROS

Para fazer os centros, pistilos, das flores, corte tiras finas de papel crepom lilás tingido, estique, aplique cola e enrole nos pedaços de arame até cobrir aproximadamente 3,5 cm, enrolando a base um pouquinho mais grossa. (fig. 3)

4. PÉTALAS

Para fazer as pétalas das 35 flores serão necessárias sete tiras de papel crepom lilás tingido com 20 cm de largura e 7 cm de altura. Estique um pouco as tiras até que a textura fique suave. Dobre as tiras em cinco partes e use o molde nº 1 para cortar 10 pétalas e o molde nº 2 para cortar 25 pétalas. (fig. 4)

Flores e folhagens * **119**

Molde as extremidades superiores das pétalas, gire para o outro lado e molde a base das pétalas. (fig. 5)

5. MONTAGEM

Aplique cola na base e na lateral das pétalas. Cole em volta do centro, sobrepondo a lateral sem cola sobre a lateral com cola e pressionando a base para que fique bem firme. Faça o mesmo com todas as flores. (fig. 6)

Após colar todas as pétalas nos centros, separe cinco flores menores para serem transformadas em botões. Dobre as extremidades superiores das pétalas para dentro da flor e amasse gentilmente com os dedos. Faça movimentos torcendo a flor para que fique parecida com o que mostra a figura. (fig. 7)

Corte tiras de papel crepom verde-pistache, estique, aplique cola e enrole abaixo da base das flores para dar acabamento. Se desejar, use os marcadores a álcool roxo e lilás para adicionar cor na base das flores e botões. (fig. 8)

Para começar a formar o galho, corte tiras finas de papel crepom marrom, estique, aplique cola e comece a juntar grupos de flores em pares e trios. Separe, por exemplo, três botões e junte, um botão e duas flores pequenas, uma flor pequena e um botão, uma flor pequena e duas grandes, e assim por diante. (fig. 9)

Flores e folhagens ✳ **121**

Ao terminar de juntar as flores e botões em pequenos grupos, comece a montar o galho pelos botões. Adicione os demais grupos de flores como se estivesse fazendo uma espiral, assim as flores poderão ser vistas de todos os lados do galho. (figs. 10, 11, 12 e 13)

6. FINALIZAÇÃO

Após agrupar todas as flores em espiral, adicione um arame nº 20 na base do caule das flores para dar mais firmeza ao galho. Use uma tira fina de papel crepom marrom esticada e com cola para prender o arame na base das flores. Se desejar, adicione pedaços de galhos sem flor para dar um aspecto mais natural ao galho. Engrosse o galho com tiras de papel-toalha e, por fim, enrole o galho com fita de crepom marrom para dar acabamento. (fig. 14)

Flores e folhagens ✳ 123

MARANTA
Calathea makoyana

Nativa do Brasil e pertencente à família das Maranthaceae, possui nomes populares como maranta-pavão e janelas de catedral. Suas folhas, com desenho peculiar, são superverdes e lustrosas por cima e rosa avermelhado na parte inferior.

Flores e folhagens * 125

MATERIAIS

- Tesoura
- Cola PVA
- Arame nº 26
- Alicate de corte
- Alicate de ponta
- Dobradeira
- Marcadores a álcool nas cores verde-claro e verde-escuro
- Verniz acrílico brilhante
- Pincel chato
- Papel crepom do tipo italiano nas cores verde-pistache e vermelho-escuro

1. PREPARE

Copie os moldes da maranta e separe. Para fazer as folhas, corte pedaços iguais de papel crepom verde-pistache e vermelho escuro com 20 cm de largura por 15 cm de altura. A quantidade de pedaços de papel vai depender de quantas folhas você irá confeccionar.

2. FOLHA

Passe cola no pedaço de papel verde-pistache, espalhe com os dedos e posicione o pedaço de papel vermelho-escuro por cima para colar. Use os dedos para alisar os papéis e, em seguida, use a dobradeira para garantir que os dois pedaços ficarão bem colados um no outro. Faça movimentos firmes, mas com cuidado para não rasgar o papel, sempre seguindo a direção da textura. Os papéis laminados tendem a esticar um pouco conforme se passa a dobradeira por cima deles, é normal e esperado que isso ocorra. Espere a cola secar um pouco mais e estique o pedaço laminado para que fique com mais ou menos 30 cm de largura. (figs. 1 e 2)

Dobre o pedaço ao meio, com a cola já seca e a cor verde voltada para o centro, e corte ao meio. Com os papéis ainda um por cima do outro, corte os dois na diagonal. Você terá agora dois pares de triângulos que devem ser colados um de frete para o outro pela maior parte, com os lados verdes para dentro. (fig. 3)

Deixe a cola secar totalmente e abra os triângulos com delicadeza. Use os moldes da maranta para cortar os formatos das folhas. Faça quantas folhas desejar e prossiga para o próximo passo. (fig. 4)

Flores e folhagens ✽ **127**

3. COLORAÇÃO

Para fazer a padronagem característica dessa folhagem, comece usando o marcador a álcool verde-claro. Faça uma linha ao centro da folha com a parte verde voltada para cima, e prossiga desenhando as marcas laterais. Em seguida, use o marcador a álcool verde-escuro para realçar as marcas laterais e passe delicadamente também pelas bordas da folha, criando uma linha bem fina. (fig. 5)

4. MONTAGEM

Cole dois pedaços de 20 cm de arame nº 26 na emenda da folha, na parte detrás, o lado vermelho escuro. Corte tiras finas de papel verde-pistache, estique, aplique cola e encape os caules das folhas. Faça isso em todas as peças e, em seguida, aplique uma camada de verniz acrílico brilhante nas folhas. (figs. 6 e 7)

5. FINALIZAÇÃO

Você pode optar por usar as folhas sozinhas em arranjos ou juntá-las em pares e trios, usando uma fita de crepom verde-pistache para montar um arranjo maior. (fig. 8)

5

6

7

8

Flores e folhagens

ORQUÍDEA
Cattleya labiata

Orquídeas são plantas ancestrais, presentes em quase todos os continentes, exceto na Antártida. A maioria dos exemplares encontra-se em zonas tropicais, sendo que a Cattleya está presente nos estados do Nordeste do Brasil, com destaque para Alagoas e Pernambuco, sendo considerada a "rainha do sertão". Sua floração na natureza ocorre do fim do verão até o início do outono.

Flores e folhagens * 131

MATERIAIS

- *Tesoura*
- *Cola PVA*
- *Dobradeira*
- *Arames nº 20 e nº 26*
- *Alicate de ponta*
- *Papel-toalha*
- *Marcadores a álcool rosa pink e amarelo-ouro*
- *Giz pastel seco branco, amarelo-ouro, verde-claro e marrom*
- *Papel crepom do tipo italiano nas cores lilás, branco, verde-musgo, verde-pistache e palha*

1. PREPARE

Copie os moldes da orquídea e separe. Dobre a ponta do arame nº 20 em forma de gancho e separe. Corte duas tiras de papel crepom lilás com 20 cm de largura por 15 cm de altura. Corte tiras finas de papel crepom branco e verde-pistache. (fig. 1)

2. PÉTALAS, SÉPALAS, LABELO E COLUNA

Para fazer as pétalas, sépalas e labelo comece laminando o papel lilás. Dobre ao meio e aplique cola em uma metade, espalhe com os dedos e cole a outra parte. Passe as mãos pelo papel para espalhar e aderir a cola em todo o papel.
Não use muita cola para não deixar o papel muito molhado e sensível ao toque. Use a dobradeira passando pelo papel no sentido da textura, para suavizá-la e garantir que esteja bem colado. (fig. 2)

Assim que a cola estiver mais seca, o papel estará pronto para ser manipulado. Corte um dos pedaços laminados ao meio, para obter dois pedaços, e corte esses dois pedaços na diagonal, para obter dois pares de triângulos. Cole os triângulos um de frente para o outro. Assim que a cola secar um pouco, abra os triângulos com cuidado e use o molde da pétala para cortar duas peças. Atenção para a direção da textura do papel indicada no molde. (fig. 3)

Corte o outro pedaço laminado ao meio e corte um dos pedaços na diagonal para obter um par de triângulos. Cole os triângulos um de frente para o outro e quando a cola secar um pouco, abra o triângulo e use o molde do labelo para cortar uma peça. Atenção para a direção da textura do papel indicada no molde. Use o outro pedaço para cortar as três sépalas com o molde de guia. Reserve todas as cinco peças e prossiga para o próximo passo. (fig. 4)

Para criar a coluna da orquídea, que será a base para unir o labelo, pétalas e sépalas, comece enrolando uma tira de papel branco com cola em volta da ponta dobrada em gancho do arame floral. Enrole até que obtenha um formato similar a um cotonete grande. Essa coluna deverá ter aproximadamente 1 cm de diâmetro por 5 cm de altura. Reserve essa peça e prossiga. (fig. 5)

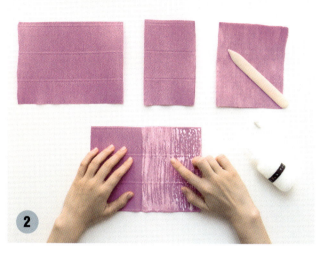

Flores e folhagens ✳ 133

Utilize os marcadores a álcool nas cores rosa pink e amarelo-ouro para colorir o labelo. Comece desenhando uma forma de leque na parte superior do labelo com o rosa pink e prossiga com o amarelo-ouro para as laterais e meio. Finalize com o pastel seco branco e passe o dedo para suavizar a transição do branco para o amarelo.

Para as pétalas e sépalas, utilize o pastel seco branco na base e passe o dedo para suavizar a transição entre o branco e o lilás do papel. (fig. 6)

6

Para moldar o labelo, comece ondulando as extremidades com movimentos firmes e delicados. Molde o meio do labelo, utilizando os dedos polegares, até que forme algo parecido com uma concha. Vire o labelo e repita o mesmo movimento na sua parte superior, moldando com os polegares. Faça ajustes, se necessário, ondulando um pouco mais as extremidades, e enrole o labelo nele mesmo até obter um formato de cone. (figs. 7, 8, 9 e 10)

Ondule as extremidades das pétalas. Molde com os polegares, suavizando a textura do papel. Segure a base da pétala e a extremidade superior e puxe em direções opostas para que o formato final da pétala seja parecido com a letra "S". (fig. 11)

Para as sépalas não é necessário ondular as extremidades. Molde com os dedos suavizando a textura do papel. Segurando na base da sépala e na extremidade superior, puxe em direções opostas para que a sépala tenha um formato final parecido com a letra "S". (fig. 12)

Flores e folhagens * **135**

3. MONTAGEM DA FLOR

Comece a montar a flor colando o labelo na coluna. O labelo deve abraçar a coluna, sobrepondo um pouco uma aba lateral sobre a outra. (fig. 13)

Segure o labelo até que fique firme e prossiga para colar as pétalas. Elas devem ser posicionadas na parte superior do labelo, como duas grandes "orelhas". Aguarde a cola secar um pouco e siga adiante. Posicione e cole primeiro as sépalas inferiores. Elas deverão ser posicionadas nos espaços entre o labelo e as pétalas. Por fim posicione e cole a sépala superior entre as duas pétalas. (figs. 14, 15 e 16)

Para finalizar a flor é necessário cortar tiras finas de papel verde-pistache. Corte e estique as tiras, aplique cola e posicione uma das extremidades na base da flor. Enrole a base da flor e vá descendo e enrolando o arame com essa fita de crepom até aproximadamente 4 cm abaixo da base da flor. Sua primeira flor de orquídea está pronta, proceda para a segunda. Para unir as duas flores, use uma tira de crepom. Corte uma tira fina de papel verde-claro, estique e aplique cola e una as duas flores, enrolando a fita nos dois arames. (figs. 17 e 18)

Você pode parar nesse ponto se desejar criar somente as flores. Os próximos passos são para criar o restante da planta.

Flores e folhagens * 137

4. FOLHA E ESPATA

Para fazer a folha, corte um pedaço de papel verde-musgo com 20 cm de largura por 22 cm de altura. Dobre ao meio, aplique cola e lamine. Use a dobradeira para selar bem as duas partes de papel e suavizar a textura. Ao fazer isso, o papel deve sofrer um alongamento natural na direção horizontal.

Deixe a cola secar um pouco antes de manipular o papel. Corte esse pedaço na diagonal para que formem dois triângulos. Cole os triângulos um de frente para o outro, espere a cola secar e abra-os. Use o molde da folha da orquídea para cortar uma folha. Cole um arame de nº 26 na emenda da cola na folha. Aplique duas camadas de verniz acrílico fosco nessa folha e reserve. (fig. 19)

A espata é a parte da orquídea que protege o botão da flor. Para fazer essa parte, comece cortando um pedaço de papel crepom verde-pistache com 10 cm de largura por 10 cm de altura. Dobre ao meio, aplique cola e lamine. Use a dobradeira para ajudar a selar as duas partes do papel. Espere a cola secar, use o molde para cortar a espata e reserve-a. (fig. 20)

5. MONTAGEM DA PLANTA

Comece enrolando tiras de papel-toalha com cola no restante do arame, aproximadamente a 8,5 cm abaixo das flores. Enrole até obter uma forma ovalada, mais grossa no meio e mais fina nas extremidades. Esse será o pseudobulbo da planta. Cubra-o com tiras de papel crepom verde-pistache. (figs. 21 e 22)

Aplique cola na base da espata e cole na base do caule onde se encontra o pseudobulbo, com a parte aberta em curva de frente para as flores. (fig. 23)

Cole a folha com a base na mesma altura da base da espata, de frente para esta, como se estivessem se abraçando. (fig. 24)

Flores e folhagens * **139**

6. FINALIZAÇÃO

Caso queira adicionar raízes, corte tiras finas de papel crepom branco e enrole em pequenos pedaços de arame nº 26, engrossando estes com papel e deixando um pedaço sem enrolar para aplicar na base da flor. Enrole também o restante do arame da flor dessa forma e use tiras de papel crepom verde-pistache esticadas e com cola para segurar as raízes na base da flor. (fig. 25)

Corte um pedaço de papel crepom verde-musgo com 5 cm de largura por 8,5 cm de altura, aplique cola e espalhe bem com os dedos. Posicione esse pedaço e cole em volta do pseudobulbo. Molde com as mãos para que o papel assente na peça, e não se preocupe em alisar o papel, pois o objetivo é deixar com textura. Use o giz pastel verde-claro para colorir e suavizar a transição de cores desde o topo do pseudobulbo, espata e folha e ao longo, até a base, no encontro com as raízes.

Corte um pedaço de papel crepom palha com 2,5 cm de largura por 8,5 cm de altura, estique totalmente, amasse bem com as mãos, rasgue o topo e a base. Aplique cola e fixe por cima do pseudobulbo para adicionar um detalhe, se desejar. Use o giz pastel marrom para adicionar detalhes de cor no pseudobulbo e nas raízes, esfregue com os dedos para suavizar a cor. (figs. 26 e 27)

Flores e folhagens * 141

OXALIS
Oxalis triangularis

Nativa de diversos países do sul da América do Sul, essa planta de forração é também conhecida como trevo-roxo ou falso trevo. Sua coloração roxa deve-se ao fato de suas folhas possuírem pigmentos fotossintéticos que absorvem diferentes comprimentos de onda, o que resulta em maior absorção de luz facilitando a fotossíntese.

Flores e folhagens * 143

> **MATERIAIS**
>
> - *Tesoura*
> - *Cola PVA*
> - *Arame nº 26*
> - *Alicate de corte*
> - *Marcador a álcool azul ou roxo*
> - *Papel crepom do tipo italiano nas cores violeta e verde-pistache*

1. PREPARE

Copie os moldes das folhas de oxalis e reserve. Para fazer 15 hastes de oxalis, corte 45 pedaços de arame nº 26 com 20 cm. Corte 15 tiras de papel crepom violeta com 25 cm de largura por 5 cm de altura.

2. FOLHAS

Comece esticando as tiras de papel crepom violeta quase por completo. Dobre as tiras ao meio e aplique cola em um dos lados do papel para laminar. Antes de fechar o papel, posicione três pedaços de arame nº 26 na parte em que a cola foi aplicada e, então, cole a outra parte do papel. Use os dedos para fixar as duas partes do papel e os arames. Lamine todas as tiras de papel com os arames entre elas, espere a cola secar um pouco e prossiga. (fig. 1)

Assim que o papel estiver menos frágil e a cola mais seca, estique e alise bem as tiras para que a textura do papel fique quase imperceptível, bem liso. Agora, dobre as tiras em três partes, tentando alinhar os arames ao meio, e corte nas laterais, separando assim em três pedaços. Use o molde das folhas para cortar, mantendo o arame ao centro como guia. (fig. 2)

Após cortar todas as folhas, use o marcador a álcool para colorir as extremidades das folhas. Faça algumas com a cor azul e outras com a cor roxa, para que tenha uma variação e a peça final fique com um visual mais natural. (fig. 3)

3. MONTAGEM

Corte várias tiras finas de papel verde-pistache, estique e aplique cola. Use a fita de crepom para unir três folhas e formar um ramo de folha de oxalis. Abra com as mãos e ajeite as folhinhas com delicadeza. Repita esse processo para todas as folhas. (fig. 4)

4. FINALIZAÇÃO

Para finalizar, use a fita crepom verde-pistache para unir as folhas em grupos de três ou quatro. Alterne as alturas das folhas nos grupos para que a peça final tenha uma aparência mais orgânica. (fig. 5)

Flores e folhagens * **145**

PALMEIRINHA
Dypsis lutescens

Também conhecida como areca-bambu e palmeira de jardim, essa planta originária de Madagascar é muito popular no paisagismo de jardins e até em decorações de interiores.

Flores e folhagens * 147

> **MATERIAIS**
>
> - *Tesoura*
> - *Cola PVA*
> - *Arame nº 26*
> - *Alicate de corte*
> - *Papel crepom do tipo italiano nas cores verde-musgo e/ou caramelo e/ou bege*

1. PREPARE

Copie os moldes das folhas de palmeirinha e separe. Corte uma tira de papel da cor que for produzir a palmeirinha, aplique cola e enrole dois arames nº 26 juntos. (fig. 1)

2. FOLHAS

Corte um pedaço de papel da cor que desejar com 7 cm de largura por 9 cm de altura. Estique um pouco e utilize o molde nº 1 para cortar seis peças. Corte um pedaço de papel com 7 cm de largura por 12,5 cm de altura, estique um pouco e corte seis peças, utilizando o molde nº 2.

O terceiro pedaço de papel deverá ter 10 cm de largura por 15 cm de altura, e devem ser cortadas 12 peças, utilizando o molde nº 3 como guia. Caso seja necessário, corte mais papel para recortar mais folhas. (fig. 2)

Corte uma tira fina da mesma cor das folhinhas e aplique cola. Posicione uma folhinha nº 1 aproximadamente 1 cm abaixo do topo dos arames enrolados e cole-a enrolando com a tira de papel. Posicione e enrole mais três folhinhas nº 1 um pouco abaixo umas das outras, em oposição. (fig. 3, 4 e 5)

Prossiga dessa maneira para adicionar três folhinhas nº 2 e todas as folhinhas nº 3. Ao finalizar as folhinhas nº 3, cole as folhinhas nº 2 e nº 1 restantes. (figs. 6 e 7)

3. FINALIZAÇÃO

Para finalizar, corte uma tira fina de papel na cor desejada e enrole o caule da palmeirinha. Utilize a dobradeira para moldar as folhinhas e dar mais personalidade à sua folhagem. Você pode engrossar o caule da folhagem enrolando mais tiras de papel, se desejar. (fig. 8)

Flores e folhagens * **149**

PEÔNIA
Paeonia suffruticosa

Peônias são plantas herbáceas perenes, mas algumas são arbustos lenhosos. Nativas da Ásia, Europa e oeste da América do Norte, estão entre as plantas de jardim mais populares dessas regiões com clima temperado. É um símbolo floral tradicional da China, onde é conhecida como "flor da riqueza e da honra".

Flores e folhagens

MATERIAIS

- *Tesoura*
- *Cola PVA*
- *Dobradeira*
- *Arames nº 18 e nº 26*
- *Alicate de ponta*
- *Marcadores a álcool rosa pink e roxo*
- *Papel-toalha*
- *Papel crepom do tipo italiano nas cores rosa (previamente descolorido), amarelo-ouro, verde-pistache e verde-musgo*

1. PREPARE

Copie os moldes da peônia e reserve. Comece separando os papéis que irá utilizar. Para dar um efeito delicado de degradê às pétalas, é recomendado descolorir o papel previamente e manuseá-lo com mais delicadeza. Dobre a ponta do arame nº 18 em formato de gancho e separe. Corte um arame nº 26 ao meio e separe. (fig. 1)

2. DESCOLORIR

Para descolorir o papel, usaremos o método de mergulhá-lo na água com um pouco de água sanitária. Corte o papel crepom rosa-claro em tiras com 20 cm de largura e 7 cm de altura, para facilitar a descoloração e confecção das flores. Para essa flor, use água em temperatura ambiente e uma pequena quantidade de água sanitária. Não existe uma receita, é necessário testar a quantidade necessária de proporção de água x água sanitária para se obter o resultado desejado. Faça um teste de cor com um pedaço menor para verificar se a quantidade está a gosto.

É aconselhável que você use luvas para proteger as mãos, sendo também necessário proteger o ambiente em que fará a descoloração, pois a água sanitária mesmo diluída em água, poderá manchar algumas superfícies. É importante fazer esse procedimento em um ambiente com bastante ventilação e, se necessário, usar máscara de proteção.

Mergulhe a tira de papel na mistura até mais ou menos a metade. Espere um pouco, até perceber que a cor está desbotando, e retire o papel da mistura. Enxágue-o em água corrente, para retirar o excesso da mistura, e deixe secar à sombra. Manipule o papel somente depois que estiver totalmente seco, com delicadeza, pois estará mais frágil. Faça esse procedimento no dia anterior à montagem das flores. (fig. 2)

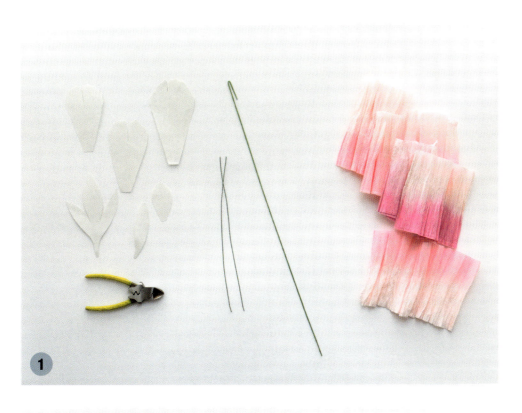

Flores e folhagens ✳ 153

3. CARPELO

Comece construindo o carpelo, o centro da peônia. Utilize uma tira de papel-toalha para fazer uma bola do tamanho de uma azeitona pequena na ponta do arame nº 18. O gancho irá ajudar a manter o papel no lugar enquanto você enrola. Finalize com cola e separe. Corte um pedaço quadrado do papel verde-pistache com 3 cm de largura por 3 cm de altura e um pedaço do papel rosa com 2 cm de largura por 3 cm de altura. Use os marcadores a álcool rosa pink e roxo para colorir o pedacinho de papel rosa e, em seguida, faça franjas nele. Torça com os dedos essas franjas e cole esse pedaço no topo do quadrado verde. Aplique cola nesse conjunto e cubra a bolinha de papel no topo do arame, pressionando as extremidades para que cole bem. (fig. 3)

4. ESTAMES

Para fazer os estames, corte um pedaço de papel amarelo-ouro com 15 cm de largura e 5 cm de altura. Estique esse pedaço o máximo que puder e faça franjas finas. Torça com os dedos esse franjado e use o marcador a álcool rosa pink para colorir a parte inferior das franjas. Para dar um efeito curvado aos estames, utilize a dobradeira de osso. Agrupe as franjas e aplique um pouco de cola na base, para mantê-las no lugar. Agora aplique um pouco mais de cola na base e fixe-as em torno do carpelo, e separe. (fig. 4)

5. PÉTALA

Para fazer as pétalas, estique o papel crepom rosa-claro previamente descolorido, até perceber que a textura está mais suave. Não estique por completo, pois é necessário que o papel possa ser moldado mais adiante. Corte sete pétalas nº 1, quatro com o corte no topo e três sem o corte no topo. Corte cinco pétalas nº 2, duas com o corte no topo e três sem o corte. Corte sete pétalas nº 3, quatro delas com o corte no topo e o restante inteiras. (fig. 5)

Para moldar as pétalas, utilize o dedo polegar ao centro das pétalas, fazendo movimentos firmes mas delicados, moldando em formato de colher. Faça movimentos com a unha do dedo polegar, de baixo para cima, nas extremidades superiores das pétalas nº 2 e nº 3, para que fiquem mais abertas, dando uma aparência de flor que está desabrochando. Apare o topo de algumas pétalas para dar mais personalidade à flor. (figs. 6 e 7)

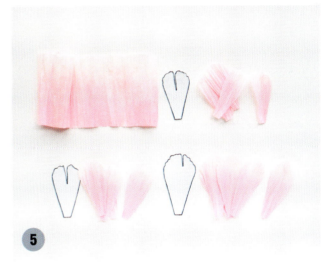

Flores e folhagens * 155

6. MONTAGEM DA FLOR

Comece colando três pétalas nº 1 ao redor dos estames. Cole duas, uma ao lado da outra, e a terceira, do lado oposto. Cole as quatro pétalas restantes ao redor das três primeiras. (fig. 8)

Cole as pétalas nº 2 ao redor das primeiras, o mesmo devendo ser feito com as pétalas nº 3. O segredo é ir encaixando as pétalas entre os espaços das anteriores, de forma orgânica. (fig. 9)

7. SÉPALAS E FOLHAS

Corte uma tira de papel verde-pistache com 12 cm de largura por 5,5 cm de altura, estique um pouco e corte 5 sépalas. Molde as sépalas e use o marcador a álcool rosa pink para adicionar detalhes de cor nas extremidades. Cole duas sépalas, uma ao lado da outra e uma terceira, do lado oposto a elas. As outras duas sépalas devem ser coladas nos espaços restantes. Corte tiras de papel-toalha e cole em volta do arame base da flor para que fique na espessura correta. (fig. 10)

Corte uma tira de papel verde-musgo com 17 cm de largura por 10 cm de altura, estique, dobre ao meio e corte para obter dois pedaços. Depois recorte na diagonal os dois juntos. Cole os triângulos para formar um losango e abra assim que a cola estiver seca. Use o molde da folha de peônia nº 1 e corte duas folhas. Cole o arame nº 26 atrás de cada folha, escondendo dentro da emenda da cola. Encape o arame com uma tira fina de papel verde-musgo e use o marcador a álcool rosa pink para fazer detalhes de cor nas extremidades das folhas. (fig. 11)

8. FINALIZAÇÃO

Corte tiras finas de papel verde-musgo e comece a encapar o caule da peônia desde a base das sépalas. Enrole e, ao chegar mais ou menos a 5 cm abaixo da cabeça da flor, posicione e cole uma folha, enrolando com a fita de crepom. Continue a enrolar e, mais abaixo, adicione outra folha. Se desejar, corte folhas menores com o molde nº 2 e cole bem próximo da base da flor, logo abaixo das sépalas.

Finalize usando o marcador a álcool rosa pink, para fazer detalhes de cor ao longo do caule da peônia, se desejar.

Flores e folhagens * 157

PERPÉTUA
Gomphrena globosa

Planta herbácea de grande valor medicinal, é nativa de alguns países da América Central. São flores populares em projetos paisagísticos, como flores de corte, por suas cores vivas, e para serem preservadas, pois retêm consideravelmente suas cores.

Flores e folhagens * 159

MATERIAIS

- *Tesoura*
- *Cola PVA*
- *Arame nº 26*
- *Alicate de corte*
- *Alicate de ponta*
- *Papel-toalha*
- *Papel crepom do tipo italiano nas cores violeta e verde-musgo*

1. PREPARE

Copie os moldes da perpétua e reserve. Para fazer uma haste com três flores, dobre a ponta de três arames nº 26 em forma de gancho. Corte nove tiras de papel crepom violeta com 20 cm de largura por 1,5 cm de altura. Corte tiras de papel-toalha. (fig. 1)

2. BASE

Para fazer a base das flores, comece enrolando as tiras de papel-toalha em volta do arame nº 26 com a ponta dobrada em gancho. Use pouca cola e enrole até obter um formato semelhante a um ovo de passarinho. Corte tiras finas de papel violeta, estique, aplique cola e cubra o ovinho de papel-toalha para dar acabamento, e reserve. (fig. 2)

3. PÉTALAS

Estique as tiras de papel violeta, dobre em quatro partes iguais e use o molde para cortar as pétalas. (fig. 3)

Aplique cola em uma tira de pétalas e comece a enrolar no topo do ovinho. Prossiga enrolando e descendo, cobrindo o formato. Faça o mesmo com as duas tiras de pétalas restantes até cobrir todo o ovinho até a base. Finalize as três flores e prossiga. (fig. 4)

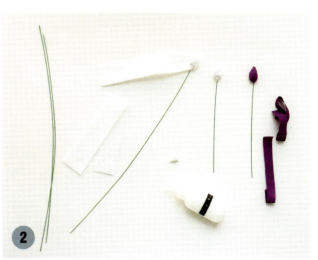

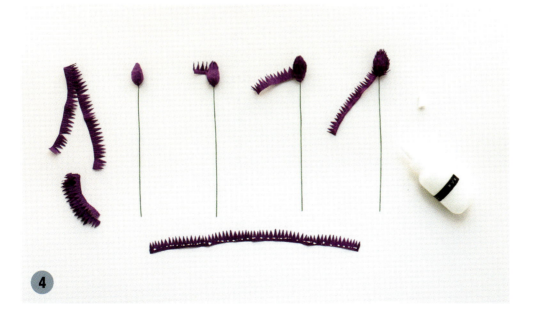

Flores e folhagens * **161**

Ao finalizar as pétalas, corte as folhas que serão colocadas na base das flores de acordo com o molde. Aplique uma gotinha de cola e cole na base de cada flor. Use uma fita de crepom na cor verde-musgo para enrolar o caule de cada flor. (fig. 5)

4. FOLHAS

Para fazer as folhas grandes, que vão na base de encontro das flores, corte uma tira de papel crepom verde-musgo com 6 cm de largura e 5 cm de altura. Estique um pouco, dobre ao meio e corte para obter dois pedaços. Corte esses dois pedaços juntos na diagonal e cole os pares de triângulos resultantes um de frente para o outro. Abra os triângulos quando a cola estiver totalmente seca e corte as folhas usando o molde. Faça quantas folhas desejar. (fig. 6)

5. MONTAGEM E FINALIZAÇÃO

Para unir as flores em um só galho, corte uma tira fina de papel crepom verde-musgo, estique, aplique cola e una duas flores. Cole duas folhas na base das flores unidas e continue a enrolar o caule das flores com a fita crepom. Adicione a terceira flor um pouco abaixo das duas primeiras e enrole com a fita de crepom. Cole outras duas folhas na base dessa terceira flor e finalize enrolando o caule com uma fita de crepom verde-musgo. (fig. 7)

5

6

7

Flores e folhagens * **163**

PROTEA
Protea cynaroides

A protea pertence à família Proteaceae, com distribuição majoritária na África do Sul, Austrália, sul da Ásia e Oceania. Mundialmente famosa por sua exuberante flor, é também conhecida por protea-real e protea-gigante.
É a flor nacional da África do Sul.

Flores e folhagens * 165

MATERIAIS

- Tesoura
- Cola PVA
- Arames nº 20 e nº 26
- *Alicate de corte*
- Alicate de ponta
- Palito de bambu
- Giz escolar nas cores branco, amarelo e rosa forte
- Giz pastel verde-claro e marrom
- Marcador a álcool verde-claro
- Papel-toalha
- Papel crepom do tipo italiano nas cores branco, champagne, rosa, verde-pistache, verde-musgo e marrom ou branco, palha, verde-abacate, verde-pistache, verde-musgo e marrom

1. PREPARE

Copie os moldes da protea e reserve.
Corte tiras finas de papel crepom verde-pistache, estique, aplique cola e use para unir dois arames nº 20. Ao finalizar dobre a ponta dos arames em formato de gancho. (fig. 1)

2. ESTRUTURA

Para construir a protea, é necessário começar por uma base firme. Enrole o papel-toalha ou outro papel que desejar em volta do arame para criar uma forma oval. Finalize esse formato com tiras de papel-toalha, sem usar muita cola entre as camadas para que não fique muito pesada a peça final. O formato oval deverá ser parecido com o tamanho de um abacate, com aproximadamente 14 cm de altura e 30 cm de circunferência na parte mais larga. Utilize tiras de papel-toalha para engrossar o restante do arame que será o caule da flor, deixe com uma espessura um pouco mais grossa que um giz escolar. (fig. 2)

3. CENTRO

Para fazer o centro da protea, será necessário tiras de papel crepom branco nas seguintes medidas: três com 20 cm de largura por 3,5 cm de altura; cinco com 20 cm de largura por 4 cm de altura; cinco com 20 cm de largura por 5,5 cm de altura e quatro com 20 cm de largura por 7,5 cm de altura.

Franje as tiras com franjas de 1 cm de largura. Torça todas as tiras, se necessário aplique um pouco de cola ao longo das franjas. Assim, ao torcer e secar a cola, as franjas permanecerão com o formato correto. (fig. 3)

Após torcer todas as tiras e com a cola quase seca, use a dobradeira para moldar levemente as franjas. Use o marcador a álcool verde-claro para colorir a base das franjas maiores e reserve. (fig. 4)

Flores e folhagens ✱ **167**

4. BRÁCTEAS

As brácteas são folhas modificadas, e nas proteas elas têm aparência semelhante a pétalas. Aqui a escolha das cores dos papéis vai definir se a protea será branca ou rosada. Use os papéis nas cores palha e verde-abacate para fazer a protea branca, e os papéis champagne e rosa para fazê-la rosada.

Para fazer as brácteas, é necessário laminar pedaços de papel grandes, em tamanho suficiente para acomodar os moldes. Corte pedaços iguais, nas respectivas cores escolhidas, aplique cola, espalhe com os dedos e una os papéis. Use os dedos para pressionar os pedaços de papel e deixe a cola secar um pouco antes de passar a dobradeira para alisar os dois papéis agora laminados. (fig. 5)

Após laminar os pedaços de papel, utilize os moldes para cortar as brácteas. Corte 28 peças de nº 1; 28 de nº 2; 12 de nº 3 e 20 de nº 4. A quantidade de peças pode variar para mais ou para menos, dependendo do tamanho da base construída. Organize as sépalas de acordo com os tamanhos para não confundir na hora da montagem. (fig. 6)

Se escolher os papéis nas cores palha e verde-abacate, use o giz branco para colorir a parte de cor palha, para conferir às brácteas a aparência aveludada. Na protea branca a cor palha é a que ficará para fora ao ser colada na base. No caso dos papéis champagne e rosa, use o giz rosa forte para colorir a parte rosa do meio da sépala para a extremidade, e o giz amarelo, do meio para a base. Use os dedos para misturar as cores onde se encontram. Se desejar, passe o giz branco pelo centro da sépala, para simular o aspecto aveludado, usando os dedos para misturar as cores. Use o giz rosa forte na parte de dentro das sépalas maiores, para dar mais profundidade à cor. Na protea rosada a cor rosa é a que ficará para fora ao ser colada na base. Não é necessário colorir as brácteas pequenas nesse momento. (fig. 7)

Após colorir as brácteas, molde com os dedos polegares o centro de forma mais profunda, e as extremidades, com menos intensidade. Use o palito de bambu ou a dobradeira para curvar as extremidades das brácteas maiores para dentro, deixando-as com aspecto mais pontudo e natural, e reserve. (fig. 8)

5. FOLHAS

As folhas da protea têm um aspecto liso, com brilho aveludado. Comece cortando um pedaço de papel crepom verde-musgo com 20 cm de largura por 12 cm de altura, dobre ao meio e corte. Dobre ao meio novamente, aplique cola nos dois pedaços, posicione um arame nº 26 de 20 cm na parte com cola e lamine. Use os dedos para ajudar a selar os dois pedaços de papel com os arames no meio. Faça movimentos suaves e com cuidado para não rasgar o papel. Espere a cola secar um pouco e use a dobradeira para alisar mais o papel. (fig. 9)

Após a cola secar quase por completo, estique o papel o máximo que conseguir sem rasgar. Utilize a dobradeira se achar necessário e alise bem essa peça de papel com os arames. Use os moldes para cortar as folhas, centralizando o arame no centro do molde. Aplique uma camada de verniz acrílico brilhoso em ambos os lados das folhas. Cubra a haste das folhas com uma tira fina de papel crepom verde-pistache e use o giz pastel verde-claro para colorir entre a haste e a base da folha.

Faça quantas folhas achar necessário e reserve. (fig. 10)

Flores e folhagens * 169

6. MONTAGEM

Comece aplicando cola na base das franjas menores. Cole a primeira fileira de franjas começando pelo topo do ovo de papel, a base da flor. Cole fazendo uma espiral, deixando o formato um pouco pontudo e não tão arredondado como a base oval. Prossiga colando as próximas fileiras de franjas contornando a base oval da flor, posicionando levemente mais para baixo cada fileira em relação à anterior. As franjas deverão ser coladas até mais ou menos a metade do formato oval. Se achar necessário, apare com a tesoura as franjas que ficarem fora de altura.
(figs. 11, 12, 13 e 14)

Após colar todas as franjas, prossiga para as brácteas. Comece colando as brácteas maiores nº1. Cole 14 brácteas em volta das franjas, posicionando a base das brácteas alinhadas com a base da última fileira de franjas. Cole as demais 14 brácteas entre os espaços das anteriores. (figs. 15 e 16)

Proceda da mesma maneira para colar as brácteas nº 2, sendo 14 em uma fileira e as demais 14 entre os espaços das anteriores, e um pouco mais abaixo. (figs. 17 e 18)

Cole as brácteas nº 3 em volta da segunda fileira de brácteas nº 2. Tente encaixar entre os espaços, mas não se preocupe se uma ou outra ficar desalinhada com a fileira anterior, pois o número de brácteas é menor. (fig. 19)

Flores e folhagens ✻ 171

Separe oito brácteas nº 4 e cole em volta da fileira de brácteas nº 3. Não se preocupe muito com o alinhamento entre os espaços, escolha um ponto de partida e cole. (fig. 20)

As 12 brácteas restantes devem ser coladas em uma fileira de sete e outra fileira de cinco. Se desejar, antes de colar, use o giz pastel verde-claro ou marrom para colorir as últimas 12 brácteas. Avance um pouco para o caule, ao colar as duas últimas fileiras, e pressione as pontinhas das brácteas após a cola secar totalmente. (figs. 21 e 22)

7. FINALIZAÇÃO

Para finalizar a flor, corte tiras finas de papel crepom marrom, estique, aplique cola e comece a cobrir o caule da flor pela base. Continue a enrolar e adicione a primeira folha 2 cm abaixo da base da flor. Vá enrolando e adicionando as folhas de forma espiralada. Caso seja necessário, antes de começar a enrolar o caule com a fita de crepom, use mais tiras de papel-toalha para engrossá-lo. (fig. 23)

Use o giz pastel marrom para colorir o encontro do papel crepom marrom do caule com a base da flor e dar um acabamento mais natural. (fig. 24)

Ajeite as folhas da protea, moldando com os dedos para que fiquem com uma leve ondulação. (fig. 25)

Flores e folhagens * **173**

ROSA
Rosa x grandiflora

Nativa da Ásia, a rosa é a flor de corte mais comercializada no mundo. Além de ter suas flores consideradas um símbolo universal de amor, muitas espécies possuem propriedades medicinais e são utilizadas pelos humanos há centenas de anos.

Flores e folhagens * 175

> **MATERIAIS**
>
> - *Tesoura*
> - *Cola PVA*
> - *Arames nº 20 e nº 26*
> - *Alicate de corte*
> - *Palito de madeira ou bambu*
> - *Alicate de ponta*
> - *Papel-toalha*
> - *Papel crepom do tipo italiano nas cores vermelho escuro, verde-musgo e verde-pistache*

1. PREPARE

Copie os moldes da rosa e reserve. Para fazer uma haste com uma rosa semi-aberta, dobre a ponta do arame nº 20 em forma de gancho. Corte quatro pedaços de arame nº 26 com 10 cm e mais um com 15 cm. Corte tiras de papel-toalha e várias tiras finas de papel crepom verde-musgo que serão utilizadas como fita de crepom. (fig. 1)

2. PÉTALAS

Para fazer as pétalas, comece cortando 3 tiras de papel crepom vermelho-escuro com as seguintes medidas: uma com 25 cm de largura por 7 cm de altura; outra com 25 cm de largura por 8 cm de altura; e a terceira com 25 cm de largura por 9 cm de altura. Estique um pouco as tiras para suavizar a textura do papel, mas não muito, pois é necessário que o papel mantenha a característica elástica. Corte sete pétalas de cada molde e prossiga para a próxima etapa. (fig. 2)

Use a tesoura fechada ou a dobradeira para curvar as pétalas e suavizar ainda mais a textura do papel. (fig. 3)

Comece a moldar as pétalas nº 1 posicionando os polegares bem ao centro das pétalas. Deixe quatro pétalas com formato bem curvado, como uma colher ou concha. As três restantes podem ficar um pouco mais abertas. (fig. 4)

Para as pétalas nº 2, repita o processo de moldar e molde o topo das pétalas ligeiramente para fora, usando o palito de madeira ou a dobradeira. (fig. 5)

As pétalas nº 3 devem ser moldadas curvando profundamente o centro com os polegares e as extremidades, do topo para o lado oposto, para fora. Use o palito de madeira ou a dobradeira para curvar mais o topo e dar mais drama às pétalas. Se desejar, faça microcortes nas extremidades das pétalas para que tenham uma aparência mais suave e natural. (fig. 6)

Flores e folhagens

3. SÉPALAS

Corte dois pedaços de papel crepom com 7 cm de largura por 5 cm de altura nas cores verde-musgo e verde-pistache. Aplique cola no pedaço verde-pistache e lamine com o pedaço verde-musgo. Após a cola secar um pouco, corte as sépalas usando o molde. Com delicadeza, molde cada sépala, dobre 0,5 cm da base e reserve. (fig. 7)

4. FOLHAS

Para fazer um galho com cinco folhas, corte um pedaço de papel crepom verde-musgo com 25 cm de largura por 8 cm de altura. Estique até atingir aproximadamente 30 cm de largura, dobre-os em cinco partes iguais e corte-os para obter cinco pedaços. Corte-os juntos, na diagonal, para obter pares de triângulos. (fig. 8)

Cole os pares de triângulos de frente um pro outro e deixe a cola secar. Após a secagem total da cola, abra os triângulos e perceba que os formatos se parecem com pequenas pipas. Use o molde e corte uma folha grande, duas médias e mais duas pequenas. (fig. 9)

Você pode optar por fazer microcortes nas laterais das folhas ou deixá-las lisas. Cole pedaços de arame nº 26 na parte detrás das folhas, entre a emenda da cola. Corte uma tira fina de papel crepom verde-musgo, estique, aplique cola e enrole uma parte do cabo de cada uma das cinco folhas. (fig. 10)

Também com uma fita de crepom verde-musgo, una as folhas em uma única haste da seguinte forma: a folha grande no topo e no centro, seguida de duas folhas médias, uma de cada lado da folha grande, e por fim as duas folhas pequenas abaixo das folhas médias, uma de cada lado. (fig. 11)

Flores e folhagens * 179

5. MONTAGEM

Corte uma tira de papel vermelho-escuro, estique, aplique cola e enrole a ponta em gancho do arame nº 20. Aplique cola em uma pétala nº 1 e cole na ponta do arame envolvendo-a. Una as seis pétalas nº 1 restantes em formato de leque, uma sobrepondo a outra. Aplique cola nesse conjunto de pétalas e cole em volta da pétala já colada no arame, envolvendo-a. (fig. 12)

Una cinco pétalas nº 2 em leque, como feito anteriormente, espere a cola secar um pouco, aplique cola na base do conjunto e cole em volta das pétalas nº 1. Aplique cola nas duas pétalas nº 2 restantes e fixe-as nas lacunas entre as pétalas em leque recém coladas. Observe onde os espaços entre as pétalas são maiores e encaixe as pétalas. (fig. 13)

As pétalas nº 3 devem ser posicionadas e coladas entre os espaços das pétalas nº 2. Siga o mesmo sentido das pétalas anteriores para não se perder. Encaixe as pétalas entre os espaços, mas desloque um pouco as distâncias entre uma pétala e outra para dar à flor uma aparência mais natural. Observe a flor, olhando de cima para baixo, pelas laterais e de baixo para cima, para identificar onde as pétalas podem se encaixar para tornar o desenho da flor mais harmonioso. Se achar que é necessário, corte mais pétalas e cole na rosa. (fig. 14)

Após a cola das pétalas secar, aplique cola na base das sépalas, vire a cabeça da flor para baixo, posicione as sépalas na base da flor e cole. Aperte com firmeza, para que fique bem colada, e arrume com os dedos, empurrando algumas sépalas para fora e outras para cima. Corte uma tira fina de papel crepom verde-musgo, estique, aplique cola e enrole a base das sépalas. Enrole até formar algo parecido com um pequeno caroço redondo e siga enrolando o restante do arame. (fig. 15)

Corte tiras de papel-toalha e cole abaixo das sépalas ao longo do arame para engrossar o caule da rosa. Faça isso até atingir a espessura desejada. Cubra o caule com uma tira de crepom verde-musgo e use essa mesma fita para unir o cabo das folhas no caule da flor.

Posicione as folhas 8 cm abaixo da base das sépalas e enrole com a fita de crepom verde-musgo, continuando a enrolar o caule até o fim. Adicione mais folhas se desejar. (fig. 16)

Flores e folhagens * **181**

SAMAMBAIA
Nephrolepis exaltata

Samambaia-americana, lâmina-de-espada, samambaia-de-boston ou samambaia-espada são alguns dos nomes dessa planta folhosa cheia de textura.
É muito popular para decoração de interiores, sendo a planta mais vendida no Brasil para essa finalidade.

Flores e folhagens * 183

MATERIAIS

- *Tesoura*
- *Cola PVA*
- *Arame nº 26*
- *Alicate de corte*
- *Papel crepom do tipo italiano nas cores verde-musgo, verde-pistache e bege*

1. PREPARE

Copie os moldes das folhas de samambaia e separe. Corte uma tira de papel da cor que desejar para o caule da samambaia, aplique cola e enrole dois arames nº 26 juntos. Para o molde nº 1, corte um pedaço de papel na cor escolhida com 25 cm de largura por 10 cm de altura; para o molde nº 2 corte um pedaço de papel na cor escolhida, com 25 cm de largura por 12 cm de altura. (fig. 1)

2. FOLHAS

Estique o papel até que fique do tamanho do molde. Dobre ao meio, aplique uma linha fina de cola no centro e posicione os arames previamente enrolados, pressionando para colar. Dobre o papel novamente, vinque com os dedos ou com a dobradeira e deixe secar completamente antes de abrir o papel novamente. (figs. 2 e 3)

Abra o papel e utilize o molde como guia para cortar o formato da folha de samambaia. Se você se sentir confiante, corte à mão livre. (fig. 4)

3. FINALIZAÇÃO

Para finalizar, corte uma tira fina de papel na cor caramelo e enrole o caule da folha de samambaia. Abra e ajeite as folhinhas com as mãos ou utilize a dobradeira. Molde a samambaia, curvando-a para que tenha uma aparência orgânica. (figs. 5 e 6)

Flores e folhagens

SAPUCAIA
Lecythis pisonis

Sapucaia, do tupi "fruto que faz saltar o olho". Originária do Brasil, também conhecida como caçamba-do-mato e cumbuca-de-macaco, é uma árvore que se encontra ameaçada em ambiente natural. Uma das suas peculiaridades é que suas folhas mudam a coloração no decorrer dos meses, quando jovens são rosa, em seguida ficam verdes, por fim avermelhadas e até castanho-douradas.

Flores e folhagens ∗ 187

MATERIAIS

- *Tesoura*
- *Cola PVA*
- *Arames nº 26 e nº 20*
- *Alicate de corte*
- *Álcool*
- *Marcador a álcool ou tinta a álcool verde*
- *Pincel chato*
- *Papel crepom do tipo italiano nas cores rosa-choque, verde-pistache e marrom*

1. PREPARE

Copie os moldes das folhas de sapucaia e separe.

2. FOLHAS

Para fazer um galho pequeno, corte 18 pedaços de arame nº 26 com 10 cm e reserve. Corte duas tiras de papel crepom rosa-choque com 25 cm de largura por 8 cm de altura. Estique as tiras de papel quase totalmente, dobre em três partes e corte. Dobre os pedaços cortados novamente em três partes e corte, para obter, no total, 18 quadrados de papel. (fig. 1)

Corte esses quadrados na diagonal para obter triângulos e cole-os em pares. Atenção para a direção da textura do papel! Após a cola secar totalmente, abra os triângulos com cuidado e use os moldes para cortar o formato das folhas. Corte seis folhas nº 1, seis folhas nº 2 e seis folhas nº 3, totalizando 18 folhas. (fig. 2)

3. COLORAÇÃO

Para simular a coloração característica da folhagem da sapucaia, comece aplicando álcool puro nas folhas com o pincel. Em seguida utilize a tinta a álcool ou ou marcador a álcool verde para depositar cor nas folhas. Comece na base e vá fazendo movimentos rápidos e suaves em direção à extremidade oposta da folha. Faça variações, pinte somente um lado da folha, pinte somente a base, e assim por diante. Espere as folhas secarem completamente e vá para o próximo passo. (fig. 3)

4. MONTAGEM

Com as folhas completamente secas, aplique cola na emenda da folha na parte detrás e posicione o arame para colar. Ao finalizar os arames, aplique uma camada de verniz acrílico fosco em todas as folhas. Deixe secar totalmente e corte tiras de papel crepom verde-pistache para cobrir o caule das folhas. (fig. 4)

Flores e folhagens * **189**

Para montar o galho, comece encapando um arame nº 26 com uma tira de papel crepom marrom esticada e com cola. Posicione uma folha pequena, nº 1, um pouco abaixo da ponta do arame encapado e use uma tira de papel crepom marrom para colar a folha. Adicione mais duas folhas pequenas logo abaixo da primeira, mas do lado oposto. (fig. 5)

Junte uma folha pequena nº 1, e duas médias nº 2, antes de colocar no galho; em seguida, posicione esse conjunto no galho, um pouco abaixo das três primeiras folhas e cole. Repita esse processo, mas agora com duas folhas nº 1 e uma folha nº 2, colando-as no galho abaixo e opostamente ao trio anterior. (fig. 6)

Coloque uma folha nº 3 abaixo e opostamente ao trio anterior, una duas folhas nº 2 e uma nº 3 e adicione logo abaixo e opostamente à folha sozinha. (fig. 7)

Coloque novamente mais uma folha nº 3 solitária, abaixo e oposta ao trio anterior. Por fim, monte o último trio de folhas restantes, duas nº 3 e uma nº 2, e adicione ao galho, opostamente à folha solitária. A última folha deverá ser adicionada ao galho abaixo e opostamente ao último trio. (fig. 8)

5. FINALIZAÇÃO

Para dar firmeza a esse grupo de folhas, adicione um arame nº 20 e use uma tira fina de papel crepom marrom para fixar. Para engrossar o galho, use tiras de papel-toalha com cola e enrole até obter a espessura desejada. Para dar acabamento, utilize tiras de papel crepom marrom com cola e enrole todo o caule do galho. Molde as folhas com os polegares e ajuste-as no galho, para que tenham aparência mais orgânica. (figs. 9 e 10)

Flores e folhagens * 191

TILLÂNDSIA
Tillandsia sp

Presentes em quase todo o continente americano e pertencentes à família Bromeliaceae, as tillândsias podem ser encontradas desde áreas praticamente desérticas até densas florestas tropicais. A maioria vive sobre árvores, porém algumas prosperam entre rochas.

Flores e folhagens * **193**

> **MATERIAIS**
> - *Tesoura*
> - *Cola PVA*
> - *Arame nº 20*
> - *Alicate de corte*
> - *Alicate de ponta*
> - *Papel crepom do tipo italiano nas cores verde-pistache e bege.*

1. PREPARE

Copie o molde das folhas da tillândsia e separe. Corte um pedaço de arame nº 20 com 12 cm e dobre a ponta no formato de gancho. Corte uma tira de papel verde-pistache e enrole esse arame.

Corte um pedaço de papel verde-pistache com 25 cm de largura por 8 cm de altura, e outro com 25 cm de largura por 10 cm de altura. (fig. 1)

2. FOLHAS

Para laminar os papéis, estique um pouco os pedaços de papel verde, mas não totalmente. Dobre ao meio, passe cola em um dos lados dobrados e cole. Utilize suas mãos para ajudar o papel a colar e suavizar a textura. Não utilize muita cola e espalhe bem com os dedos. Espere a cola secar um pouco e prossiga. (fig. 2)

Para criar essa tillândsia, serão necessárias seis peças do molde nº 1; 12 do molde nº 2; e oito do molde nº 3. Corte as peças e comece a moldar pelas menores.

Molde a base das folhas, utilizando os polegares, dobre o restante ao meio e delicadamente curve-a para trás. Moldadas todas as folhas, siga adiante. Corte peças extras do molde nº 2 em papel caramelo, sem laminar, amasse e torça as pontas. Essas folhas podem ser adicionadas no final, para dar um aspecto mais natural, como se a planta tivesse algumas folhas secas. (fig. 3)

Flores e folhagens * **195**

3. MONTAGEM

Comece a montar pelo centro da planta. Cole uma folhinha de nº 1 envolvendo a ponta dobrada do arame encapado com a tira verde. Prossiga, colocando mais duas folhinhas nº 1 opostas à primeira, formando um triângulo. As três folhas nº 1 restantes entre os espaços das três primeiras. (fig. 4)

Cole cinco folhas nº 2 em volta das folhas nº 1 e mais cinco folhas nº 2 entre os espaços das cinco anteriores. Reserve as duas folhas nº 2 restantes. (fig. 5)

Cole cinco folhas nº 3 entre os espaços das anteriores e, em seguida, cole as três folhas nº 3 e as duas nº 2 restantes entre os espaços da fileira anterior. Adicione as folhas ressecadas por fim, se desejar. (fig. 6)

4. FINALIZAÇÃO

Para finalizar, apare o restante do cabo e corte uma tira fina de papel bege. Rasgue um dos lados dessa tira para dar um efeito mais orgânico, aplique cola e enrole a base da tillândsia e o restante do cabinho. Tente deixar o lado rasgado mais aparente ao enrolar e, no fim, torça o restante da tira de papel. Isso vai fazer com que o final da tira lembre uma pequena raiz. (fig. 7)

Você pode utilizar marcadores ou tinta a álcool para adicionar detalhes à planta caso queira. Após a cola secar totalmente na raiz da planta, use o polegar para descascar com delicadeza um pouco o papel e simular as camadas de crescimento. (figs. 8 e 9)

Flores e folhagens ✱ **197**

VITÓRIA-RÉGIA
Victoria amazonica

Jaçanã, aguapé-açu, nampé, rainha-dos-lagos, são alguns dos muitos nomes para essa flor nativa da Amazônia. Aquática, com uma flor grande, linda e perfumada, floresce no verão, mas dura apenas dois dias.

Flores e folhagens

MATERIAIS

- *Tesoura*
- *Cola PVA*
- *Arame nº 20*
- *Alicate de corte*
- *Alicate de ponta*
- *Marcador a álcool nas cores vermelho e verde*
- *Papel-toalha*
- *Papel crepom do tipo italiano nas cores branco, amarelo-ouro, verde-pistache e verde-musgo*

1. PREPARE

Copie o molde da vitória-régia e reserve. Enrole o arame nº 20 com papel-toalha até atingir a espessura aproximada de um giz escolar, e reserve. (fig. 1)

2. CENTRO

Corte duas tiras de papel crepom amarelo-ouro com 20 cm de largura por 2,5 cm de altura. Estique um pouco, dobre em quatro partes, corte pequenos triângulos e reserve. (fig. 2)

3. PÉTALAS

Para fazer as pétalas, comece cortando uma tira de papel crepom branco com 20 cm de largura por 6 cm de altura. Estique um pouco, dobre em três partes iguais e use o molde nº 1 para cortar as pétalas em sequência.

Corte uma tira com 20 cm de largura por 7 cm de altura, estique um pouco, dobre em três partes iguais e use o molde nº 2 para cortar as pétalas. Molde as pétalas em sequência com os polegares e reserve. (fig. 3)

As demais pétalas deverão ser cortadas em papel crepom branco previamente laminado. Lamine pedaços não muito grandes, mas com tamanho suficiente para cortar as pétalas. Use os moldes das pétalas como guia para cortar.

Por exemplo: lamine pedaços o suficiente para cortar 16 pétalas nº 3, aguarde a cola secar um pouco para, então, cortar as pétalas e moldar com os polegares. Não espere a cola secar totalmente para cortar e moldar, pois isso tornaria o trabalho mais difícil.

Repita o processo para cada molde. Use os moldes nº 4 e nº 5 para cortar doze pétalas de cada e os moldes nº 6 e nº 7 para cortar seis pétalas de cada. Mantenha as pétalas separadas em grupos com seus respectivos tamanhos para não ter confusão ao montar a flor. (fig. 4)

Flores e folhagens ✻ 201

4. SÉPALAS

Para fazer as quatro sépalas da vitória-régia comece laminando dois pedaços de papel crepom verde-pistache com 20 cm de largura por 10 cm de altura cada.

Espere a cola secar um pouco, corte as quatro sépalas e molde-as com os polegares, da mesma maneira que foram moldadas as pétalas. Se desejar, utilize os marcadores a álcool nas cores vermelho e verde para colorir a parte externa das sépalas. (fig. 5)

5. MONTAGEM

Comece aplicando cola na base das tiras de papel crepom amarelas, que serão o centro da flor, e cole-as em volta do arame coberto com papel-toalha. (fig. 6)

Em seguida, repita o processo para as pétalas contínuas nº 1 e nº 2. (fig. 7)

Aplique cola na base de oito pétalas nº 3, cole-as em volta das pétalas anteriores e, em seguida, fixe as oito pétalas restantes nº 3 entre os espaços das primeiras. (fig. 8)

As pétalas nº 4 e nº 5 deverão ser coladas da mesma forma que as pétalas nº 3, porém de seis em seis, tentando preencher os espaços das fileiras de pétalas anteriores. (figs. 9 e 10)

Flores e folhagens * 203

Prossiga colando as fileira de pétalas nº 6 e nº 7 e, em seguida, cole as quatro sépalas em formato de cruz. (figs. 11 e 12)

6. FINALIZAÇÃO

Corte tiras de papel-toalha, aplique cola e enrole-as na base da flor para que formem uma meia esfera. Use mais tiras de papel-toalha para engrossar o caule da flor, se achar necessário. Corte tiras finas de papel crepom verde-pistache, estique, aplique cola e cubra a base da flor e o caule, enrolando e esticando com cuidado a fita crepom. Use os marcadores a álcool vermelho e verde para colorir a base da flor.

Ao terminar a flor, faça movimentos com os dedos para abaixar algumas pétalas. Isso vai abrir um pouco a flor, como se estivesse desabrochando. (figs. 13, 14 e 15)

Flores e folhagens * 205

Arranjos

ARRANJO ELEMENTAR
Somente o essencial

Algumas flores não precisam de nenhum acompanhamento, são lindas por si sós. Arranje uma ou mais delas em um vaso da sua escolha e disponha em um local especial da casa.

ARRANJO TROPICAL
Um clássico revisitado

Cores e texturas tropicais definem esse arranjo. Ideal para alegrar um ambiente ou presentear alguém querido.

1. PREPARE

Para esse arranjo serão necessários dois galhos de ipê, dois galhos de helicônia, duas folhas de costela-de-adão, um recipiente alto de boca estreita e pedrinhas decorativas. (fig. 1)

2. MONTAGEM

Coloque as pedrinhas no recipiente para que fique pesado e sirva de apoio para o caule das flores e folhas. (fig. 2)

Posicione as folhas de costela-de-adão, os galhos de ipê e, por fim, os galhos de helicônia entre os dois. Se necessário, dobre ou corte parte do caule das flores e folhagens para se encaixarem corretamente na altura do recipiente escolhido. Pronto, agora é só escolher um local para dispor seu arranjo. (figs. 3 e 4)

Projetos ✳ 211

ARRANJO EM CORES ANÁLOGAS
Para trazer alegria

Peônias cor-de-rosa, rosas vermelhas e folhagens de palmeirinha em caramelo e bege completam-se para formar esse arranjo clássico e poético.

1. PREPARE

Para esse arranjo serão necessárias duas peônias cor-de-rosa, três rosas vermelhas, seis folhas de palmeirinha caramelo e/ou bege, um recipiente alto de boca larga e pedrinhas decorativas. (fig. 1)

2. MONTAGEM

Coloque as pedrinhas no recipiente para que fique pesado e sirva de apoio para o caule das flores e folhas. (fig. 2)

Posicione as peônias, as rosas e, por fim, os galhos de palmeirinha, preenchendo os espaços entre as flores. Se necessário, corte ou dobre um pedaço do caule das flores e folhagens para encaixar melhor no arranjo e na altura do recipiente escolhido. Pronto, um arranjo simples e romântico para decorar seu local preferido. (figs. 3 e 4)

Buquês

BUQUÊ DESPOJADO
Quando uma flor é o suficiente

Certas flores possuem uma beleza tão única que, sozinhas, podem ser usadas como buquê. A flor da vitória-régia é uma delas. Além de linda, foge do lugar-comum e surpreende, usada sozinha ou arrematada com uma fita de tecido. Experimente e admire!

BUQUÊ LÍRICO
Romântico na medida

Um buquê com uma paleta romântica e flores clássicas, mas com um detalhe de folhagem em uma cor inesperada. Ideal para cerimônias de casamento ou para enfeitar um ambiente.

1. PREPARE

Para esse arranjo serão necessários dois galhos de flor de hortênsia, três flores de copo-de-leite, dois galhos de folhagem de sapucaia, cinco galhos de folhagem de eucalipto e barbante de sisal para amarrar o buquê. (fig. 1)

2. MONTAGEM

Comece posicionando as hortênsias em xis e usando o barbante de sisal para amarrar bem. Posicione os copos-de-leite próximos das hortênsias e amarre para que fiquem seguros. Coloque os dois galhos de sapucaia atrás dos copos-de-leite e, novamente, amarre. (figs. 2 e 3)

Finalize com os galhos de eucalipto, encaixando-os em volta e nos vãos entre as flores para preencher os espaços. Amarre com firmeza e, se desejar, apare os caules com o alicate de corte. Uma sugestão: use uma fita de tecido para arrematar o buquê. (fig. 4)

Projetos * **217**

BUQUÊ MONOCROMÁTICO
Uma combinação infalível

Duas folhagens aparentemente simples e uma flor como ponto focal, todas da mesma cor, com variações de tonalidade, para os que preferem uma paleta de cor mais simples, mas ao mesmo tempo muito chique.

1. PREPARE

Para esse buquê serão necessárias as seguintes peças: uma protea, uma folha de costela-de-adão, três folhas de samambaia e um pedaço de barbante de sisal no tamanho suficiente para amarrar as peças juntas. As cores escolhidas vão do verde-claro ao branco, mas podem funcionar com outras cores. O objetivo aqui é combinar tonalidades da mesma cor para trazer uma harmonia cromática por similaridade. (fig. 1)

2. MONTAGEM

Amarre a protea e a folha de costela-de-adão bem firmes e rentes à base da protea. Dê um nó, se achar necessário, para que fique bem seguro e prossiga. (fig. 2)

Finalize adicionando três folhas de samambaia posicionando-as mais para a lateral oposta à folha de costela-de-adão. Amarre bem e dê um nó ou um laço bem firme, para não soltar. Se desejar, apare os caules e arremate com uma fita de tecido. (fig. 3)

COROA DE FLORES
Delicadeza para adornar

Um acessório delicado que pode ser usado em várias ocasiões. Aqui a escolha foi por flores delicadas e com tonalidades semelhantes, mas outras combinações de cores e flores têm efeito igualmente encantador!

1. PREPARE

Para montar a coroa de flores será necessário um galho de caliandra, um galho de perpétua, um pedaço de barbante de sisal ou outro material à escolha, cola, alicate de ponta e tiras finas de papel crepom marrom. (fig. 1)

2. MONTAGEM

Comece dobrando a ponta do galho de caliandra em forma de gancho e arremate com uma tira de papel crepom marrom. (fig. 2)

Em seguida, posicione os dois galhos um de frente para o outro e enrole as flores e folhas entre si, para que fiquem seguras, ocupando os espaços existentes entre um galho e outro. Use os dedos e faça movimentos torcendo os arames das flores para fixar. (fig. 3)

Finalize dobrando a ponta do galho da perpétua em forma de gancho e arrematando com uma tira de papel crepom marrom. Molde em forma de arco e posicione na cabeça, para calcular o tamanho da tira de sisal necessária para amarrar. (fig. 4)

Ajeite as flores com as mãos, se necessário, e sua coroa de flores está pronta!

ENFEITE DE LAPELA
Um detalhe delicado

Um minibuquê, um detalhe, um toque de carinho. Enfeites de lapela podem ser mais que somente um enfeite, podem ser guardados como lembranças de um dia especial.

1. PREPARE

Para montar o enfeite de lapela, será necessário ter flores e folhagens com tamanho máximo de 8 cm, um pedaço de barbante de sisal ou outro material à escolha, cola, tesoura e tiras finas de papel crepom na cor desejada. (fig. 1)

2. MONTAGEM

Comece unindo a flor, ou flores, com as folhas em um pequeno buquê e prenda com uma tira de papel crepom na cor desejada. (fig. 2)

Em seguida, arremate com um pedaço de barbante de sisal ou um fita de tecido. O enfeite pode ser preso na roupa com um alfinete de segurança. (fig. 3)

Projetos * 223

FOLHAGENS EM VASO
Um toque verde

Folhagens, assim como flores, são uma ótima opção para presentear e decorar um espaço. E não se preocupe, essas não precisam de tanta manutenção, permanecendo verdinhas por um bom tempo.

1. PREPARE

Para dispor folhagens em um vaso como se estivessem plantadas, será necessário ter um vaso ou recipiente proporcional à quantidade e tamanho das folhagens, um pedaço de papelão, lápis, pedrinhas decorativas, tesoura, cola e as folhagens escolhidas. (fig. 1)

2. MONTAGEM

Comece desenhando no papelão o formato do vaso ou recipiente em que as folhagens vão ser dispostas. Recorte e apare um pouco para que se encaixe bem rente na parte interior do recipiente. Corte duas tiras de papelão, dobre as pontas e cole no formato recortado. Essas duas tiras devem ser medidas de acordo com a altura do vaso escolhido, para que o formato recortado que servirá de base para as folhagens, fique aproximadamente 2 cm a 3 cm abaixo da boca do recepinte. (fig. 2)

Faça o desenho de um triângulo no centro do formato recortado e, com a pontinha da tesoura faça pequenos furos nas pontas dos triângulos. Esses serão os furos onde o caule das folhagens serão encaixados. (fig. 3)

Projetos ∗ **225**

Encaixe o formato dentro do vaso delicadamente para não amassar, e certifique-se de que esteja bem rente às laterais, com as tiras de papelão tocando o fundo. (fig. 4)

Comece a encaixar as folhagens nos furos. Se achar necessário, enrole mais papel nos caules das folhas e aplique cola nos furos antes de encaixar para que fiquem bem seguras. (fig. 5)

Adicione as pedrinhas decorativas para dar acabamento. (fig. 6)

Ajeite as folhas com delicadeza e disponha sua planta no local escolhido. (fig. 7)

BOLA DE MUSGO
Arte em forma de planta

Também conhecida como kokedama, palavra, que, traduzida do japonês, significa bola de musgo, essa maneira de arranjar plantas é praticamente uma obra de arte. Ideal para compor um espaço e trazer uma sensação de natureza para dentro de casa ou outro local preferido.

1. PREPARE

Para fazer a bola de musgo com uma planta montada, será necessário criar uma bola de papel. Use papel-toalha ou outro papel, com tamanho aproximado de um coco seco. Use algo pesado para colocar na parte de baixo da bola de papel, podem ser moedas ou pedrinhas, para que a bola de papel não tombe e segure a planta ou flor que será montada no topo. Será necessário escolher uma planta ou flor; nesse caso a orquídea foi escolhida. (fig. 1)

2. MONTAGEM

Para simular a textura do musgo que cobre a bola, estique pedaços de papel crepom verde em duas ou mais tonalidades e também pedaços menores nas cores caramelo e bege. Após esticar totalmente os pedaços de papel, corte em tiras as mais finas possíveis. Amasse-as com os dedos e com as mãos para que pareçam com um tufo de musgo. (fig. 2)

Em seguida, junte os tufinhos de papel picado e amassado e mescle um pouco as cores para que fiquem com uma aparência mais natural. Tente juntar tudo para formar um bloco só de papel amassado. (fig. 3)

Corte tiras largas de papel crepom marrom, estique, aplique cola e posicione a orquídea no topo da bola. Use as tiras de papel crepom para fixar a orquídea pelas raízes na bola, e cubra o restante desta também. Não economize nas tiras de papel, cubra toda a bola e certifique-se de que a orquídea esteja bem segura no topo da bola. (fig. 4)

Após cobrir totalmente a bola, é o momento de aplicar o musgo de papel na mesma. Passe cola na bola, espalhe com os dedos e vá fixando a trama de musgo nela. Aperte com as mãos para que todo o musgo entre em contato com a cola e fique bem seguro. Encaixe o musgo entre as raízes da orquídea e, se desejar, deixe-as sem cobrir. Essa etapa pode ficar um pouco bagunçada, e as mãos, cheias de cola, por isso, é aconselhável manter um pano úmido por perto, para ir limpando as mãos. (fig. 5)

Após colar todo o musgo na bola, passe as mãos em movimentos circulares, para baixar e colar os pedaços que possivelmente não colaram e para que o musgo fique mais rente e uniforme na bola. Se necessário, apare alguns pedacinhos que não ficaram colados. (fig. 6)

1

2

3

4

5

6

Projetos ✶ **229**

TERRÁRIO
Para contemplar

Originalmente os terrários foram projetados durante o século XIX para preservar espécies de plantas tropicais em longas viagens, para posteriormente serem estudadas. Atualmente é possível compor terrários de diversas maneiras, para contemplar as plantas e para decorar ambientes.

1. PREPARE

Para montar o terrário com as tillândsias, será necessário um recipiente de vidro, além das pedrinhas decorativas e uma ou mais tillândsias. (fig. 1)

2. MONTAGEM

Comece preenchendo o recipiente de vidro com as pedrinhas decorativas. (fig. 2 e 3)

Em seguida, posicione as tillândsias dentro do recipiente da maneira que desejar. (fig. 4)

Projetos ✶ **231**

PORTA-GUARDANAPOS BOTÂNICO
Para receber com carinho

Seja para um jantar a dois, seja para uma reunião em família ou com amigos, montar a mesa é algo que reflete carinho. Use um detalhe para enfeitar os guardanapos à mesa e aproveite os sorrisos e comentários positivos!

1. PREPARE

Para fazer um porta-guardanapos será necessária uma flor ou folhagem, além de tiras finas de papel crepom, cola e alicate de ponta. (fig. 1)

2. MONTAGEM

Comece enrolando o caule da flor escolhida, para que fique com aproximadamente 4 cm de diâmetro, para fazer uma argola. Use o alicate de ponta para auxiliar nesse processo e tente deixar a argola a mais redonda que puder. (fig. 2)

Finalize cobrindo a argola com uma tira fina de papel crepom na cor desejada, para dar acabamento. (fig. 3)

Projetos ✳ **233**

Moldes

Molde da buganvília

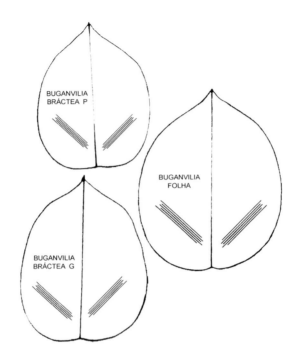

Molde da caliandra

Molde do copo-de-leite

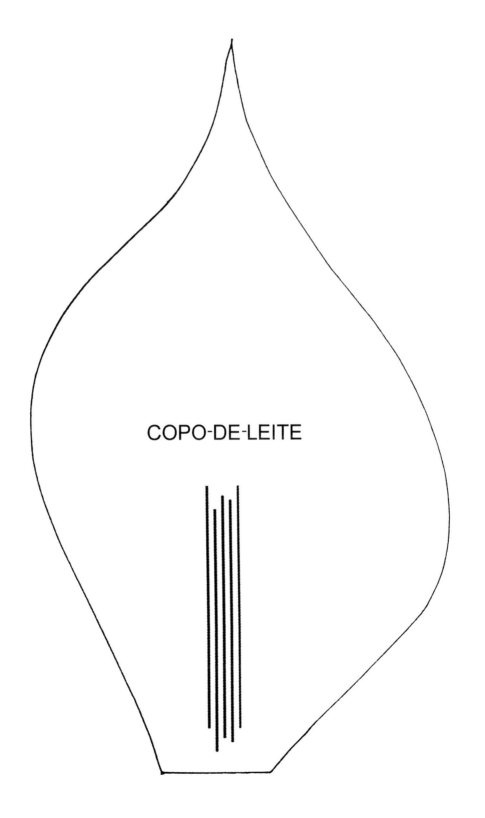

Molde da costela-de-adão

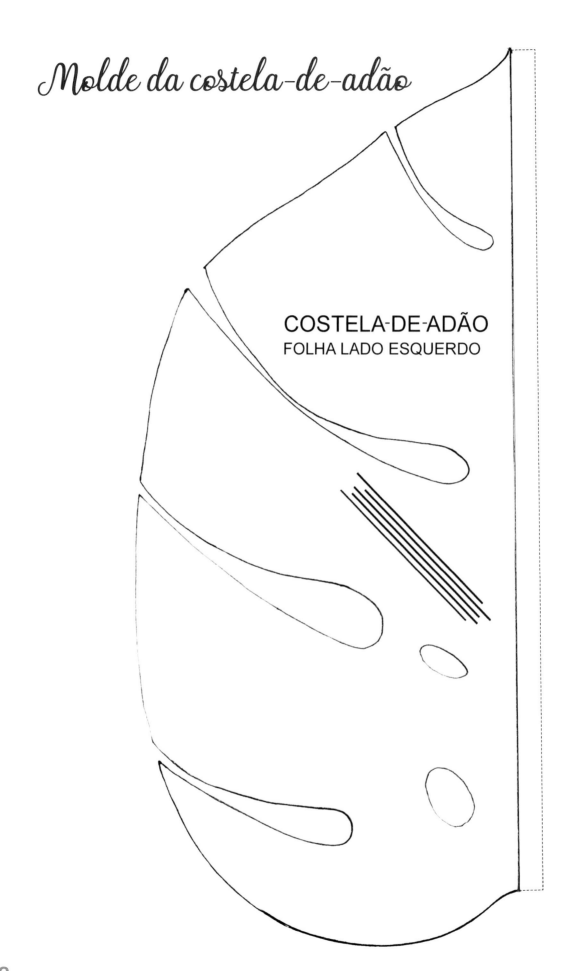

COSTELA-DE-ADÃO
FOLHA LADO ESQUERDO

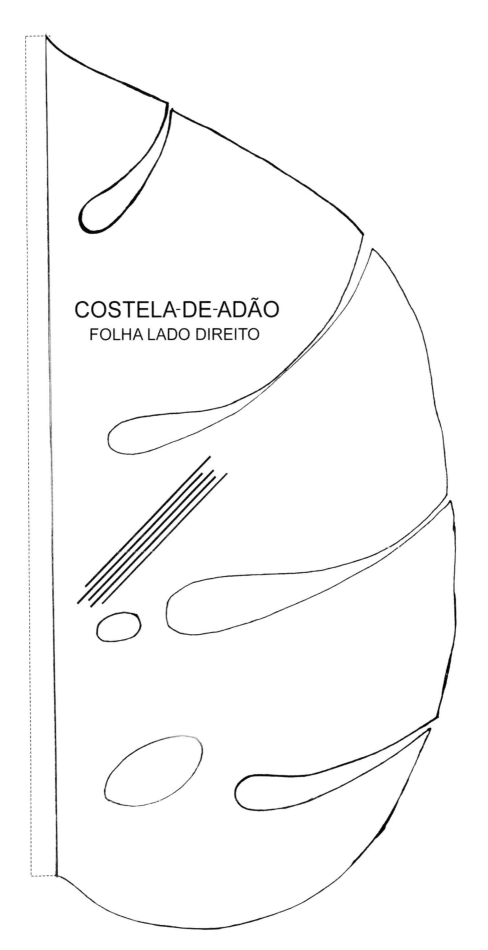

Molde do crisântemo

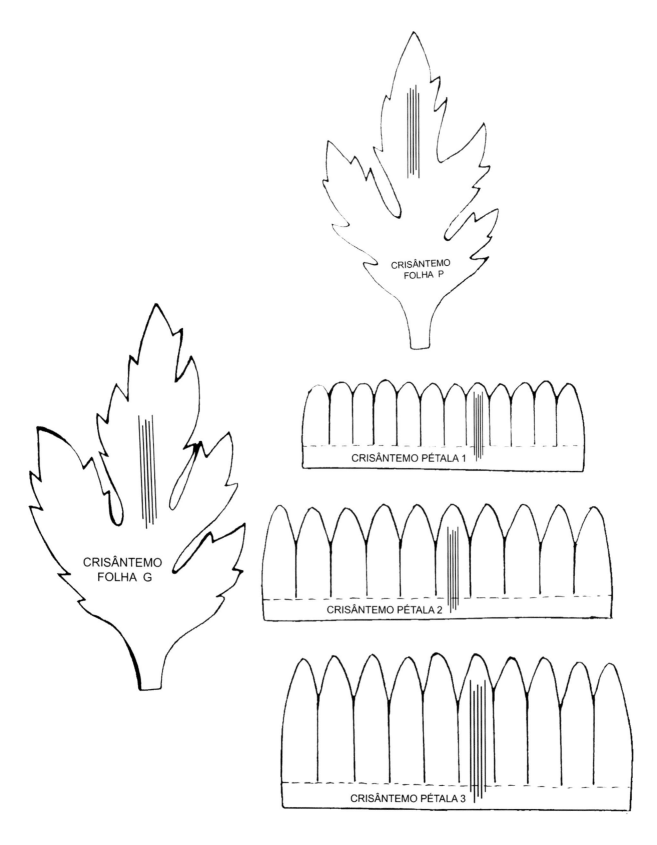

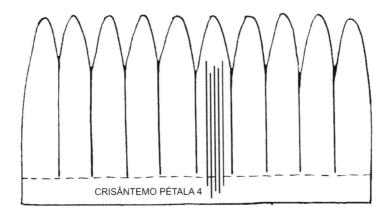
CRISÂNTEMO PÉTALA 4

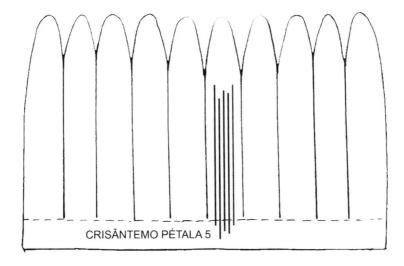
CRISÂNTEMO PÉTALA 5

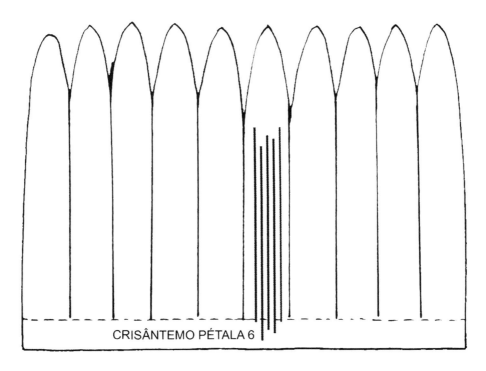
CRISÂNTEMO PÉTALA 6

Molde do eucalipto

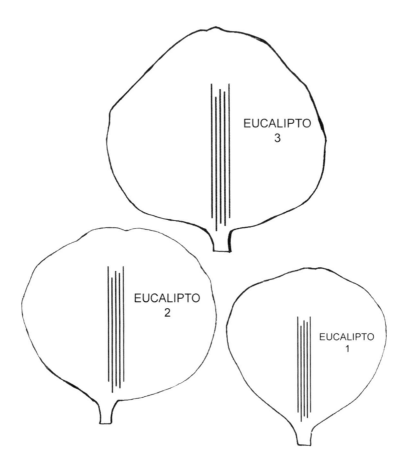

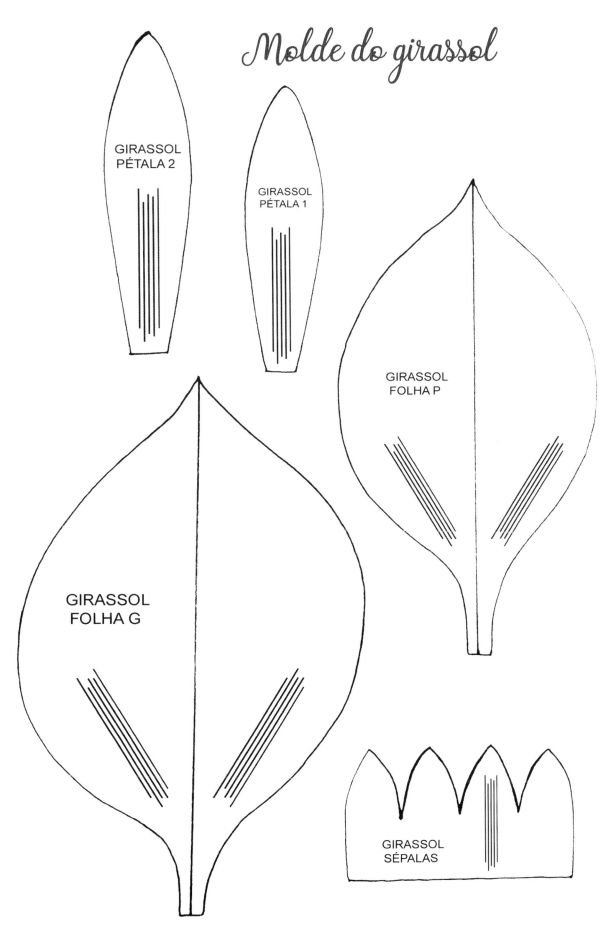

Molde da helicônia

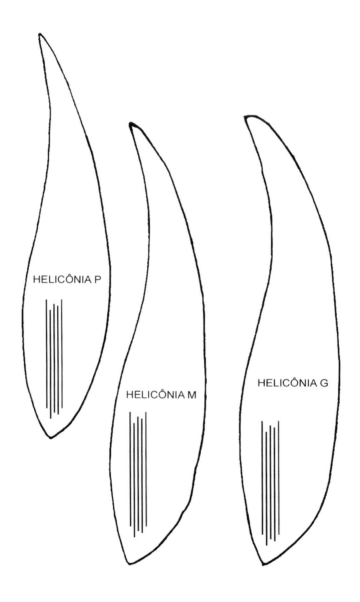

Molde do hibisco

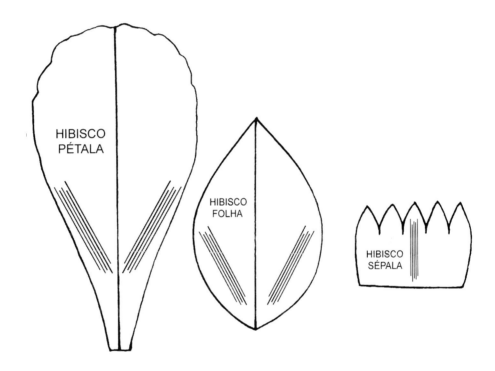

Molde da hortênsia

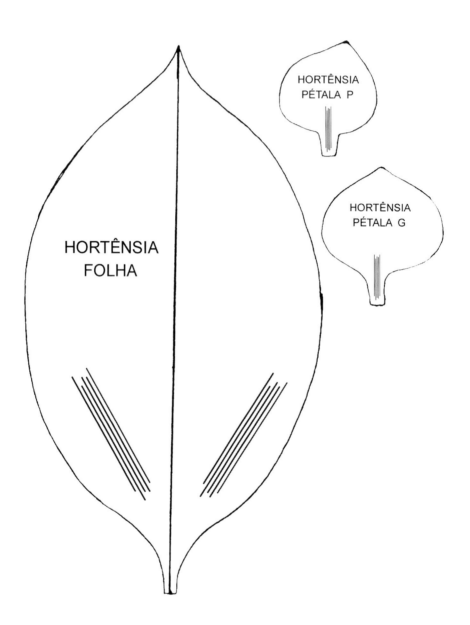

Molde do ipê

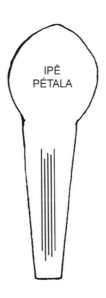

Molde do jacarandá

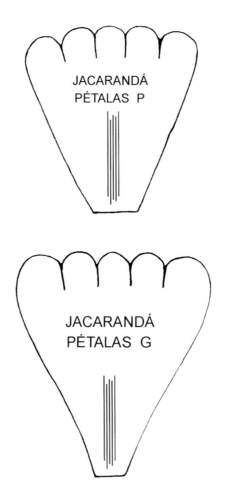

Molde da maranta

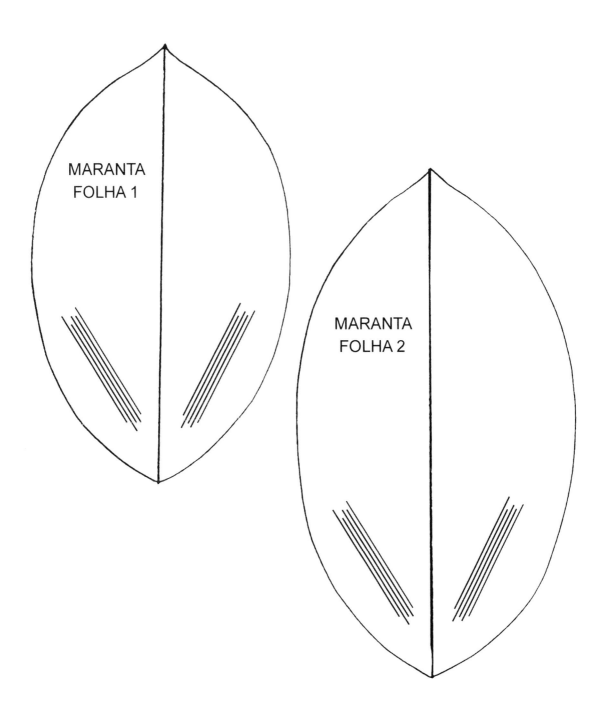

Molde da orquídea

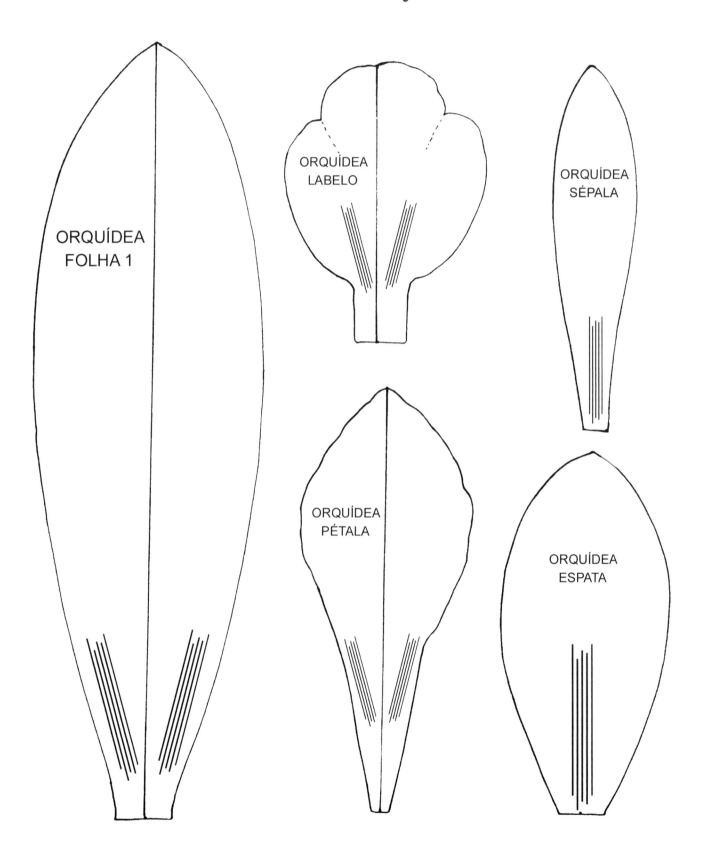

Molde da oxalis

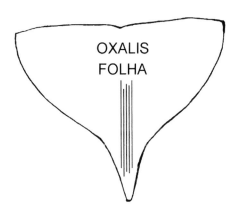

Molde da palmeirinha

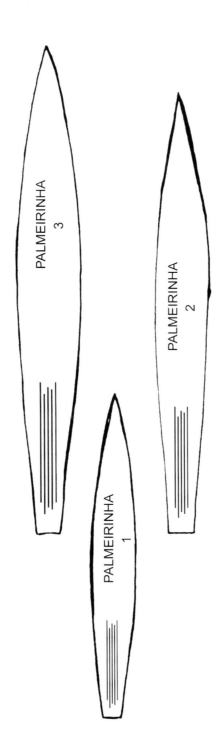

Molde da peônia

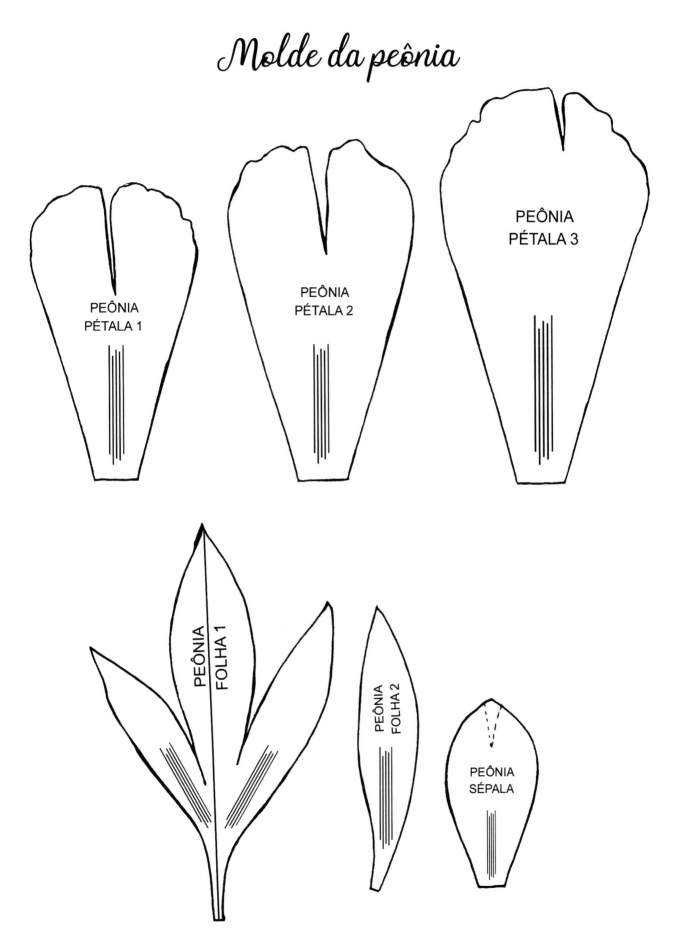

Molde da perpétua

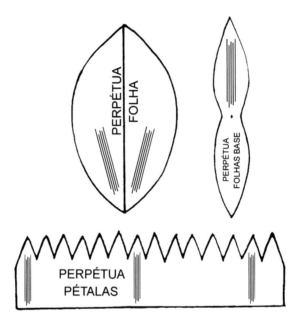

Molde da protea

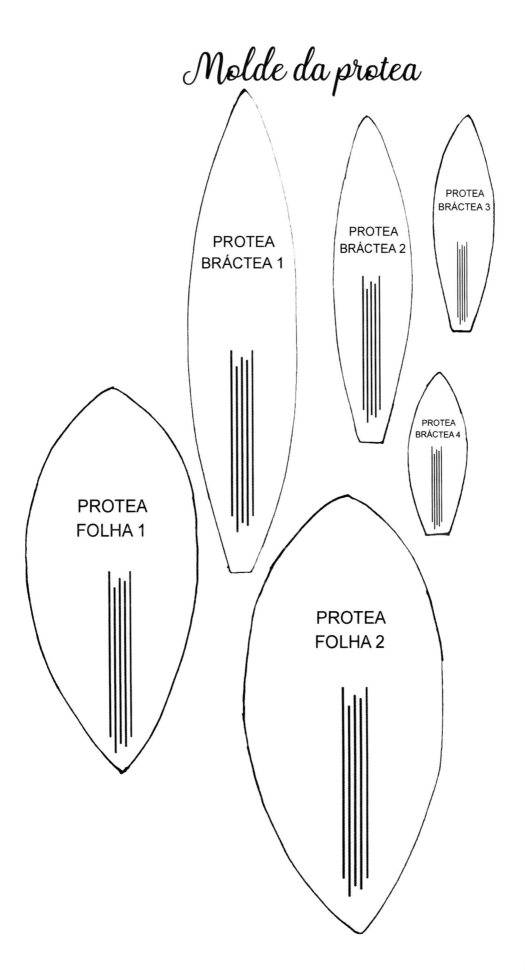

Molde da rosa

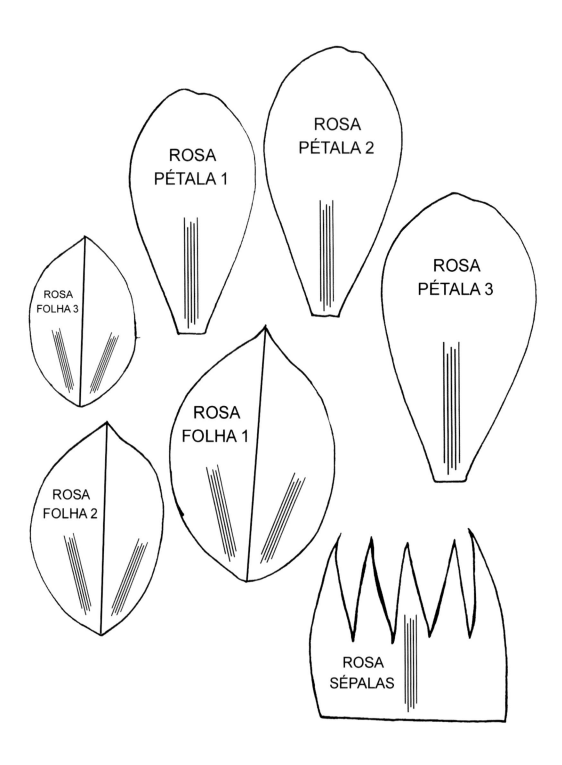

Molde da samambaia 1

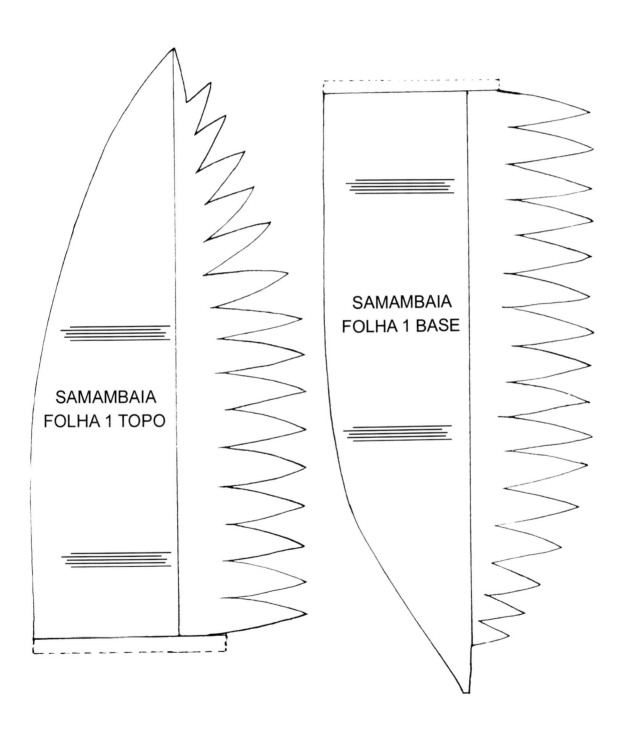

Molde da samambaia 2

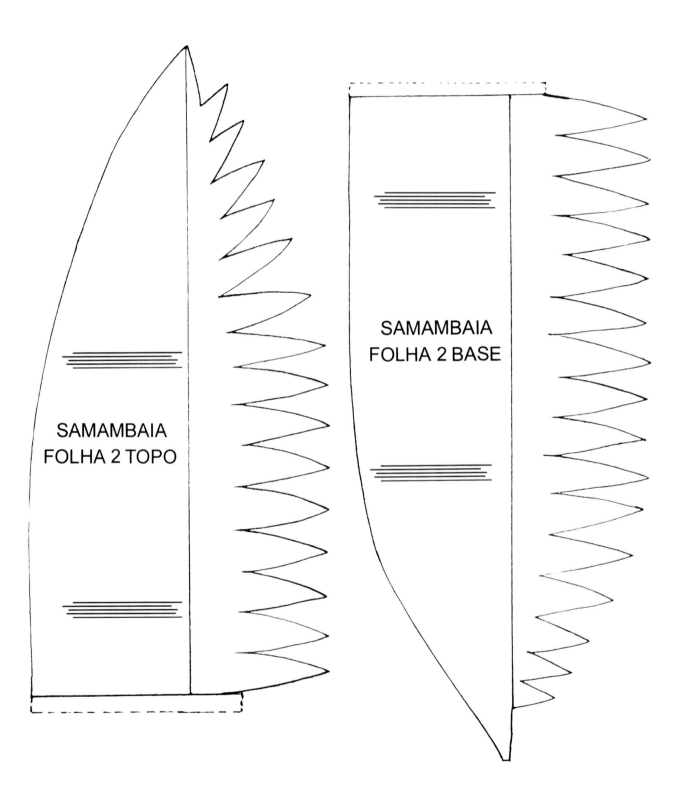

Molde da sapucaia

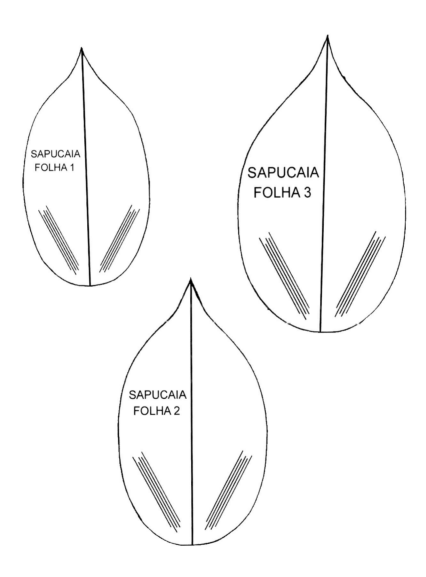

Molde da tillândsia

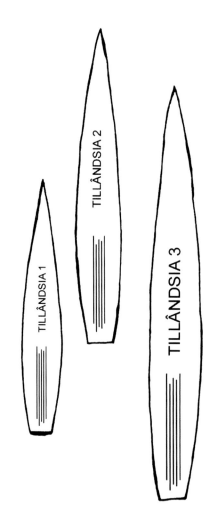

Molde da vitória-régia

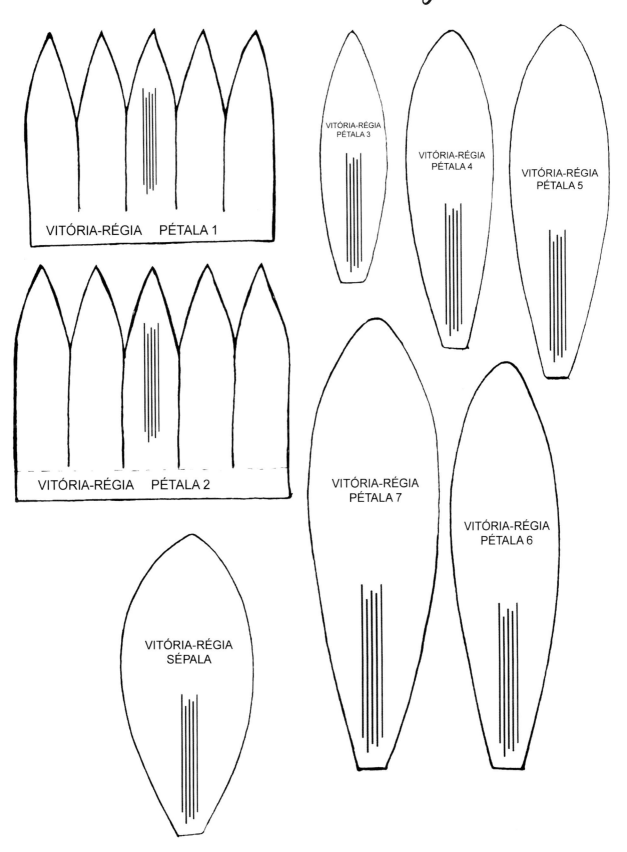

Referências

EASTOE, Jane. **Peonies**: beautiful varieties for home & garden hardcover. London: Gibbs Smith, 2018.

HONEY, Robbie. **The Accidental Botanist**: the structure of plants revealed. London: Clearview Books, 2018.

LITTGER, Klaus Walter (Org.). **Basilius Besler's Florilegium**: the book of plants. 1.ed. _: Taschen, 2016.

FLORA DO BRASIL 2020. **Jardim Botânico do Rio de Janeiro**. Disponível em: http://floradobrasil.jbrj.gov.br. Acesso em: 11 mar. 2020.

MARTIUS, K. F. P. von; August Wilhelm Eichler, Ignatz Urban (org.). 1906. **Flora Brasiliensis** (15 vol.). Leipzig. Digitalizado e disponível em: http://florabrasiliensis.cria.org.br. Acesso em: mar. 2020.

PLANTILLUSTRATIONS. Disponível em: http://www.plantillustrations.org. Acesso em: out. 2020.

Os materiais e ferramentas mencionados neste livro podem ser encontrados em lojas de materiais artísticos e papelarias em geral. Listados abaixo estão alguns dos fornecedores online, onde a autora costuma buscar os materiais para seus projetos:

Armarinhos Santa Cecília - www.armarinhosantacecilia.com.br
Casa da Arte - www.casadaarte.com.br
Loja Dezaína - www.dezaina.com.br
Carte Fini - www.cartefini.com
Cartotecnica Rossi - www.cartotecnicarossi.it

Agradecimentos

Aos meus pais e minha família, obrigada pelo carinho e por incentivarem meu lado criativo.

Ao Bruno, meu marido e companheiro criativo, por todo o suporte emocional e por sempre me encorajar a seguir em frente.

Aos meus amigos, em nenhuma ordem em particular, Fernanda, Zilah, Matheus, Lynn, Yang, Amity, Jennifer, Jessie, Janita, Quynh, vocês foram essenciais nesta jornada.

À querida Denise, pela confiança no meu trabalho, paciência e carinho durante toda a concepção deste livro.

Este livro foi impresso
em papel couchê fosco 150 g/m²,
na Finaliza Editora e Gráfica Ltda.,
em outubro de 2021.